成功する人たちの起業術

はじめの一歩を踏み出そう

マイケル・E・ガーバー

原田喜浩 訳

The E-Myth Revisited:
Why Most Small Businesses
Don't Work and What to Do About It

世界文化社

成功する人たちの起業術

はじめの一歩を踏み出そう

Contents

PART Ⅱ　成功へのカギ

装丁　神崎夢現
装画　小野寺サトミ
DTP製作　㈱アド・クレール

［はじめに］

どうして多くの人が起業に失敗するのだろうか？

　私は二十年間にわたって、スモールビジネスを対象にした経営コンサルティング活動を行ってきた。この本はスモールビジネスの経営にたずさわっている人、そしてこれからたずさわろうとする人のために書いたものである。

　二十年間の経験から、私はスモールビジネスを経営することの難しさを知っているつもりだ。経営者は一生懸命頑張っているのに、会社の業績は低迷し、十分な収益を確保することが難しい。これが大半のスモールビジネスの現状ではないだろうか？

　こうなってしまうのは、経営者の努力不足のせいではない。努力の方法が間違っているからである。その結果、大半のスモールビジネスは倒産、廃業に追い込まれている。

　これは数字でも証明されている。米国では驚くほど多くの人が、会社を立ち上げては失敗しているのである。毎年百万人以上が会社を立ち上げる一方で、一年目に四〇％の会社が、五年間では八〇％以上、つまり八十万社！が姿を消している。そして、たとえ五年間生き延びたとしても、次の五年で残りの八〇％が姿を消す運命にある。

スモールビジネスで成功するためのノウハウを述べた本はたくさんあるのに、どうしてこれほど多くの人が起業に失敗するのだろうか？　なぜ教訓を生かすことができないのだろうか？　この本は、こんな疑問に答えるためのものである。

私は次にあげる四つのポイントが起業に成功する条件だと考えている。このポイントを理解してうまく応用すれば、あなたのスモールビジネスはきっと成功を収めることになると思う。しかし、このポイントを無視すれば、どれほど努力しても、どれほど資金を投入しても、あなたの会社は毎年姿を消していく何十万の会社と同じ運命をたどることになるだろう。

ポイントその1　大半の起業家が失敗に終わる理由を知る

スモールビジネスは、情熱にあふれる起業家によって立ち上げられたものである――あなたはこんな誤解をしていないだろうか？　しかし、実際には、起業家精神あふれる経営者などにはそうめったにお目にかかれるものではない。それにもかかわらず、世間で伝えられる起業家像はあまりにも美化されていないだろうか？　私はこの誤解こそが、スモールビジネスが高い確率で失敗する原因だと考えている。失敗の理由を知り、あなたの事業に応用することが、成功のカギとなるのだ。

ポイントその2　成功率の高いフランチャイズビジネスから学ぶ

私は決して、フランチャイズビジネスを推奨しているわけではない。しかし、フランチャイズ企業のほうがほかの企業よりも生き残る確率が高いというデータがある。この本では、スモールビジネスを経営する視点から彼らの成功要因を分析し、あなたの会社に応用する方法を紹介している。この方法を知っているかどうかで、会社が生き残る確率もずいぶんと変わってくるのである。

ポイントその3　一流企業のように経営する

一流企業は名もない会社であったころから、一流企業のような経営をしていたからこそ、一流企業になれたのである。そう考えれば、あなたの会社も一流企業のような経営をすることで一流企業になる可能性をもっているのである。この本では、私の経験からスモールビジネスにとって重要と思われる一流企業の経営手法をわかりやすく紹介している。あなたの会社にも、この手法を応用してみてはいかがだろうか？

ポイントその4　毎日の仕事で実践する

この本の後半では「事業発展プログラム」と名づけて、成功のためのエッセンスを紹介している。毎日の仕事に応用できるようにわかりやすく書いてあるので、ぜひあなたの会社の経営に役立ててほしい。

一九七七年に私は自分のコンサルティング会社、E-Myth Worldwideを設立して以来、二万五千社以上のスモールビジネスの支援を行ってきた。そして、私たちの指導のもと「事業発展プログラム」を実行することで、数多くの顧客企業が成功を収める様子を見てきた。

私はこの分野の第一人者だと自負しているが、私のノウハウは一〇〇％の成功を保証するものではないし、ノウハウをきっちりと実行することも簡単ではない。しかし、今までとは考え方も働き方も変えることで、これまでにない充実感を感じるようになると信じている。

この本を単なるノウハウ本とは思わないでほしい。ノウハウ本を読むだけでは役に立たないことは知っての通りである。たとえノウハウ本を読んでも行動に移さないかぎりは、よい結果は生まれない。そのためにも、読者の皆さんには、まず事業を成功させるための必要な条件を理解してほしい。そして、私のアドバイスが聞くに値するものであるということを確信してほしいのだ。私のアドバイスが、あなたの頭のどこかにしっかりと組み込まれるようになると、しだいに会社が変わりはじめるのだから。

また、この本では、事業は経営者の人柄を映す鏡であるということも言っている。もしあなたが杜撰《ずさん》な考え方の持ち主なら、あなたの会社も杜撰になってしまう。そして、あなたが欲張りな人だったら、従業員も欲張りになり、仕事もろくにせず、権利ばかりを主張する会社になってしまう。

自分の会社を変えたいと思うのなら、まずはあなた自身が変わらなければならない。あなたが変化を望まないかぎりは、会社も十分な収益を上げることはできないのである。

起業したときには全くビジネスの知識をもっていなかった人が、正しい経営手法を身につけ、成功していく様子を私はこれまでに何度となく見てきた。スモールビジネスの世界はリスクが高いものの、いまだに大きなチャンスに満ちているのである。

この本が成功へのきっかけとなることを祈りたい。

マイケル・E・ガーバー

PART I
失敗の原因を知る

1　起業家の神話

高い理想をもち、地道な努力を重ねた起業家が、最後には成功を勝ち取る。テレビや雑誌などを通じて、華やかな起業家のサクセスストーリーが紹介されるにしたがって、起業家のイメージはあまりにも美化されてしまったように思う。このことを私はE-Myth、つまりEntrepreneur《アントレプレナー》（起業家）のMyth（神話）と呼んでいる（訳注：E-Mythは本書の原題である）。

私は二十年にわたって、多数のスモールビジネスに対する経営コンサルティングの仕事を手がけてきた。その間多くの経営者と出会ったが、本当に起業家と呼べるような人物はほんの一握りにすぎないというのが実感である。おそらく起業をしたころの彼らは、すばらしいビジョンや情熱をもっていたのだと思う。しかし、私と一緒に仕事をするころには、そんな起業家らしさはほとんど失われていたのである。

彼らをロッククライマーにたとえてみよう。会社を立ち上げたばかりの起業家は、切り立った絶壁に挑戦しようとする情熱にあふれている。これこそが皆さんの想像する起業家像ではないだろうか？　しかし時間がたつにつれて、挑戦を続ける人たちは少数派となり、ほとんどの人が岩肌にしがみつくのに精一杯というありさまになってしまう。私から見れば、ロッククライミングのスリルを楽しむどころか、高い場所を怖がっているようにさえ思える。高所恐怖症のロッククライマーなんていう奇妙な話を聞いたことがあるだろうか？

とはいいながらも、彼らがリスクを冒してまでも、大きな夢を達成しようとした起業家であったことには間違いない。実際に自分たちの事業を立ち上げたのである。しかし、今となっては、高い理想を掲げていたころの起業家はどこに行ってしまったのだろうか？

この疑問への答えはとても簡単だ。**彼らの中に起業家精神《アントレプレナーシップ》が宿ったのは、ほんの一瞬のことだった**のである。起業家精神は一瞬で失われ、ほとんどの場合は二度と取り戻されることはなかったのである。残念なことに、多くの人が美化されたサクセスストーリーにだまされた結果、財産を失い、人生を棒に振ってしまう。テレビや雑誌などに紹介されるような起業家は、ほんの一握りの人たちだと考えたほうが、あなたの身のためだろう。

私が「起業家の神話」（E-Myth）と呼んでいるように、いまだに多くの人は、起業家こそがスモールビジネスを立ち上げるのだ、という根拠のない幻想に惑わされているように思う。しかし、神話は幻想にすぎないのである。
それではいったいどんな人たちが、スモールビジネスを立ち上げているのだろうか？

起業熱からすべてが始まる

根拠のない幻想にだまされないためには、事業を立ち上げようとする人たちをじっくりと観察してみなければならない。大切なことは、事業を立ち上げた後ではなく、立ち上げる前に観察することである。

例えば、あなたが起業を考えているとしよう。会社を立ち上げる前に、あなたはどんな仕事をしているだろうか？　普通なら、誰かの部下として働いているだろう。そして専門性の高い仕事をしているのではないだろうか？　例えば、医者や大工、理容師、プログラマー、会計士やエンジニアと、いろいろな種類の仕事が考えられるが、きっとその道のプロという自負をもっているにちがいない。でも、あなたは誰かの部下として働いていることに変わりはない。

そんなあなたが、ある日突然に理由もなく、起業熱に取り付かれてしまうのである。そのきっかけは人それぞれだ。私の友人には、子供の高校卒業を機に会社を始めた人もいれば、誕生日をきっかけに起業した人もいる。そういえば、姿勢が悪いといって注意する上司に嫌気が差して、起業したという人もいる。どんなことでもきっかけになるし、何がきっかけでも構わないと思う。しかし、起業熱に取り付かれたその日から、あなたの人生はガラリと変わってしまうのである。

ただし、起業熱にも予兆のようなものはある。起業熱に取り付かれる前のあなたは、心の中でこんなことを考えているのではないだろうか？　「何のためにこの仕事をやっているのだろう？　どうしてあんな上司のために働いているのだろう？　この事業のことなら、上司に負けないぐらい知っているさ。自分がいなけりゃ、この会社は立ち行かなくなるだろう。誰だってこの仕事でひと儲けできるし、何といっても自分はこの道のプロなんだから」

普段なら、こんな考えはすぐに忘れてしまうところだが、不意に頭を離れなくなる瞬間がやってくる。これを境に、あなたの運命は大きく変わってしまうのである。会社のルールを破ることが快感になり、独立して生き生きと仕事をする自分の姿が目に浮かぶようになる。そして人から指図を受けたくないし、自分だけの仕事がしたいという気持ちがだんだんと強くなってくる。

こんな予兆を経て、起業熱がいったん始まれば、あなたは落ち着きを失い、熱を冷ますことができないまま、起業へと突き進むことになるのである。

誰もが必ず陥るワナ

私が見ているかぎり、起業熱にうなされる人たちは、必ずといってもよいほど誤った「仮定」を置いてしまうようだ。実は、後に彼らが苦難の道を歩むことになるのは、この「仮定」が致命的に間違っているからなのである。これは、自分をその道のプロだと自負している人が起業を考えるときに、必ずといってもよいほど陥るワナである。

致命的な仮定とは……「**事業の中心となる専門的な能力があれば、事業を経営する能力は十分に備わっている**」ということである。

私がこの仮定を致命的だと書いたのは、この仮定が間違っているからにほかならない。事業の中で専門的な仕事をこなすことと、その能力を生かして事業を経営することは、全く別の問題である。それにもかかわらず、多くの人たちは会社を経営するという面を見落としたまま、起業してしまう。

こうやって大工や電気工は自営業者になり、美容師は美容院を開く。技術者は半導体の仕事を始め、ミュージシャンは楽器店を開く。彼らは専門的な知識さえもっていれば、その分野で事業を始めるのに十分な資格があると信じているのだろう。しかし、いざ起業してみると、帳簿をつけたり、人を雇ったりと、これまでに経験がないような仕事が次々とわき出してくる。たいていの起業家は、予想もしなかった仕事に追われて、本業に手が回らなくなってしまうのである。

高い専門能力をもつ人にとって、独立は他人のために働くという苦痛から解放されることを意味していた。それにもかかわらず、前提となる「仮定」が致命的といえるほど間違えているために、彼らは自由になるどころか、自分が始めた事業に苦しめられるようになってしまうのである。

パイを焼く若い女性を見てごらん。
彼女は焼きたてのパイを売るお店を始めたよ。
若かったのに、あっというまにおばあさんになってしまったよ。

さて、ここで重要な登場人物のサラを紹介しておこう。

私が初めてサラに会ったのは、彼女が自分の店を始めてから三年がたったころだった。

サラは子供のころ一緒に住んでいたおばさんから、パイのつくり方を教わったのがきっかけでパイづくりの達人になり、ついにパイの専門店「オール・アバウト・パイ」をオープンした。つまり、世間でいうところの起業家ということになる（念のため「オール・アバウト・パイ」は実名ではない）。

しかし、残念なことに私と初めて会ったころのサラは、いわゆるエネルギッシュな起業家ではなかった。それどころか、店の経営にぐったりと疲れている様子だった。

彼女から店のことで相談に乗ってほしいとの連絡を受けて、初めて店を訪問したときのことである。まだ朝の開店前の時間だというのに、彼女はとても疲れた様子でこう切り出した。

「店を始めてから三年たつけど、こんなに長い三年間はなかったわ。お店を経営することが嫌なだけじゃないのよ。パイを焼くことさえ、もう嫌になってしまったの」

このように言うと、サラは泣き始めた。

「今朝は二時に起きて、三時からここで準備してたの。それからパイを焼いて、時間通りにお店を開けて、お客さんの対応をして、掃除をして、お店を閉めたわ。でも、その後に仕入れにも行かなきゃならないし、レジの現金も勘定して、銀行にも行かなきゃならない。

それから夕食をとって、明日のためにパイの仕込みをするのよ。これだけやってるうちに、もう夜の九時半とか十時になっちゃうわ。普通の人がこれだけ頑張ったら『神様、おかげさまで今日も一日無事に終わりました』と言うところよ。でも、私はそのあとにテーブルに向かって、来月の家賃の資金繰りをどうしようかって考えなきゃならないの」

「こうなったのも、親友の『サラ、あなたのパイはこんなにおいしいのに、お店を出さないなんてもったいないわ！』という言葉を信じてしまったからなの。私はそのころの職場に不満を感じていたから、お店を開くことがとても素敵な考えに思えたわ。お店を開けば、自由が手に入ると思ったし、大好きなことを仕事にできると思った。それに誰にも指図を受けずに働けるんですもの」

サラは泣いていた。彼女の話に口をはさむつもりはなかったので、また話しはじめるのを黙って待っていた。しばらく時間が流れた後に、サラは深いため息をついて、「これから、どうすればいいのかしら」とつぶやくように言った。

それは私に訊くような口ぶりではなかった。きっと自分自身に問いかけていたのだろう。

サラの店は、小さいながらも瀟洒《しょうしゃ》なつくりになっていた。床には最高のオーク材が使われ、オーブンも最高のものが据え付けられていた。こじゃれた内装にも、相当なお金をかけていたのだろう。結果として、サラは手持ちの資金を使い果たしただけでなく、多額の債務も負っていた。それだけでなく、毎日の雑用に追われて、体力的にも限界を迎えていた。

サラはこのような状況に対して、手のほどこしようがないことに気づいていた。私は多くの起業家と仕事をした経験から、彼女のつらさをよく理解しているつもりだった。パイづくりを教えてくれたおばさんがいない今となっては、誰が彼女にアドバイスすればいいのだろう?

私はサラの様子をうかがいながら、声をかけた。「サラ、お店のことをすべて見直すときがきたんじゃないかな? その道のプロが、独立して起業することはよくあるけど、ほとんどの人が、きみと同じような苦しみを味わっているんだ。大好きだったはずの仕事が嫌いになってしまったり、自信や人生の目標を失ってしまったりして、ひどい気分になっているんじゃないかい?」

この言葉にサラは少し救われたようだ。

「でも、どうすればいいの?」

私はこう答えた。「まず、僕が話す方法で頑張ってみたらどうだい?」

2 「起業家」「マネジャー」「職人」――3つの人格

調和のとれない三つの人格

奇妙に聞こえるかもしれないが、私は、事業を立ち上げようとする人はみんな三重人格者だと思っている。「起業家」「マネジャー（管理者）」「職人」の三つの人格をもっていて、どの人格も主役になりたくてうずうずしている。そのために一人の人間の内側で、人格同士が主導権争いを始めてしまうのである。あなたの内側で勢力争いが起こる様子を、「太っちょ」と「痩せっぽち」の二人を例に見てみよう。

誰にもダイエットを決意した経験があるだろう。土曜の昼下がり、あなたはテレビの前に寝そべって、サンドイッチを食べながらスポーツ番組を見ている。選手が見せる抜群のテクニックやスタミナに感嘆の声を上げている。しかし、手に汗握る試合を見ながら、あなたは二時間以上も寝そべったままの状態である。そんなときに突然、誰かがあなたの中で目覚める。「何をしているんだ？　自分のおなかを見てみろ。おまえ太ってるぞ！　みっともないぞ！　何とかしたらどうだ！」

皆さんにもこんな経験はないだろうか？　自分の中で「誰か」が目覚め、今までの自分とは全く別の「あるべき自分」と「するべきこと」を主張しはじめる。ここでは、「誰か」を「痩せっぽち」と呼ぼう。

痩せっぽちとはいったい誰だろうか？　痩せっぽちには、**自制・訓練・組織**という言葉がよくあてはまる。自分にも他人にも厳しく、細かいことに妙にこだわる、独裁者のような性格の持ち主だ。じっとしていることができないので、常に動き回ろうとする。彼にとって、生きることはすなわち行動することである。当然ながら、痩せっぽちは太っちょが大嫌いだ。

こんな痩せっぽちが、突然あなたの人格の主導権を握ったのである。これがきっかけとなり、すべてが変わりはじめる。

肥満の原因となるような食べ物は、すっかり冷蔵庫から捨てられ、新しいランニングシューズ、バーベル、トレーニングウェアが買いそろえられた。そしてトレーニングの計画表もつくられた。朝五時に起き、三マイル走り、六時には冷たいシャワーを浴びる。朝食にはトーストとブラックコーヒーとグレープフルーツをとり、自転車で職場に向かう。夜の七時には家に帰り、さらに二マイル走り、十時には床につく。これまでの生活とは、なんという違いだろうか！

しかし、あなたはこれを見事にやってのけるのだ。月曜の夜には二ポンド減った。眠っているときでさえ、ボストンマラソンで優勝する夢を見ている。もちろん、この調子でいけば、決して夢ではない。火曜の夜に体重計に乗ってみれば、さらに一ポンド減っている。すばらしい！　水曜日にはもっと頑張ってみる。もう体重計に乗るのが待ちきれない！　さらに減量していることを期待して、体重計に乗ってみる。しかし、**何も変わっていない。**一オンスも変わっていないのだ。

がっかりしたあなたの心の中には、うっすらと怒りの気持ちがわいてくる。「あれだけ運動したのに？　あんなに汗をかいたのにどうして？　割に合わないなあ……」とは言いながらも、「また頑張ればいいさ」と思い、こんな気持ちは無視することにした。そして、木曜にはもっと頑張ろうと心に決めて眠りにつく。しかし、このときすでに何かが変わってしまったのである。

木曜の朝、あなたはこの変化に気づく。雨が降っていて、部屋が寒い。何か違う感じがする。何だろう？　しばらくの間は、それが何なのかがわからない。時間がたつにつれ、やっとわかりはじめる。「誰かが自分の中にいる。太っちょだ！　ヤツが戻ってきたんだ！」彼は走ることを望んでいない。だからベッドから出ようともしない。外は寒い。「走れだって？　冗談だろう？」太っちょは、トレーニングの計画なんて何一つこなそうとしない。興味があるのは食べることだけである。マラソンは頭の中から消え、ダイエットの習慣もなくなった。そしてトレーニングウェアとバーベル、ランニングシューズもどこかにいってしまった。あなたの中に、太っちょが戻ってきたのだ！

これは誰もが、何度も経験していることだ。私たちはいつのまにか、一人の人間には一つの人格しかないと思い込んでいないだろうか？

痩せっぽちがダイエットを決意したとき、あなたは「**自分**」がその決断を下したと思っている。そして太っちょが目覚めてすべてを台なしにしたとき、それも「**自分**」が決断を下したと思っている。しかしそれは間違いである。決断を下したのは自分ではなく、「**自分たち**」なのだ。

痩せっぽちと太っちょの性格は正反対なので、二人をうまく両立させることはできない。それどころか、主導権争いを始めるために、行動に一貫性がなくなってしまうのである。

同じようにして、スモールビジネスの経営者の内側では、「起業家」「マネジャー」「職人」という三つの人格の争いが起きている。スモールビジネスをよく理解するためにも、それぞれの人格の違いを見てみよう。

起業家——変化を好む理想主義者

起業家とは、ささいなことにも大きなチャンスを見つける才能をもった人である。ときには理想主義者と呼ばれながらも、将来のビジョンをもち、周囲の人たちを巻き込みながら、変化を引き起こそうとする人物こそが起業家である。

また、起業家とは未来の世界に住む人でもある。決して過去や現在にとらわれることはない。起業家は「次に何が起きるだろうか?」「どうすれば実現できるだろうか?」といった問題を考えるときに幸福を感じる。

起業家は革新者であり、偉大な戦略家である。そして新しい市場を創り出すための方法を発明する。起業家を代表する人物としては、全米に小売店を展開したシアーズ・ロバック、自動車王と呼ばれたヘンリー・フォード、ＩＢＭのトム・ワトソン、マクドナルドのレイ・クロックをあげることができる。

起業家の人格とは、私たちの中の創造的な部分である。未知の分野への取り組み、時代を先取りした行動、わずかな可能性への挑戦、こんな無理難題に対して、起業家の人格は最高の能力を発揮する。

しかし、起業家にも弱点はある。新しいものに取り組むことは得意でも、きっちりと「管理」することが苦手なのだ。起業家はいわば空想の世界に住む人なので、現実世界の出来事や対人関係は、誰かのサポートが必要になる。

さらに、起業家と普通の人では価値観が全く違うので、周りの人と一緒に仕事をすることも苦手である。周りの人を置き去りにしたまま、いつのまにか自分の世界に入り込んでしまう。しかし、一緒に仕事をしている以上は、はるか後方に取り残された人たちを自分のレベルまで引き上げなければならない。こんな苦労を重ねるうちに、世の中にはチャンスがあふれているのに、周りの人は足を引っ張ってばかりだ、という起業家の世界観が出来上がってしまう。

起業家にとっての課題は、いかにして足を引っ張る人たちから逃れ、チャンスをものにできるかである。起業家にとって、周りの人たちは夢を邪魔しようとする障害物なのである。

マネジャー――管理が得意な現実主義者

マネジャーとは管理が得意な実務家である。マネジャーがいなければ、計画さえ立てられずに、事業はたちまち大混乱に陥ってしまう。

マネジャーは人格の中のこんな一部分である。

ホームセンターでプラスチックの収納ボックスを買い込み、ガレージに散らばっているいろいろなサイズのボルト、ナット、ネジを引き出しの中に整然と保管する。散らばった大工道具は、几帳面に元の場所に戻す。芝刈り用の道具はこの棚、大工道具はこの棚、という具合にである。このようにしていったん配置が決まれば、必ず元通りの場所に納めるようにする。

起業家が未来に住む人であれば、マネジャーは過去に住む人である。起業家が変化を好むのに対して、マネジャーは変化を嫌う。目の前の出来事に対しても、起業家はチャンスを探そうとする一方で、マネジャーは問題点を探そうとする。

マネジャーは家を建てればその家に住み続けようとするが、起業家は家を建てるとすぐに次の家を建てる計画を始める。

マネジャーがいなければ事業も社会も成り立たないが、起業家がいなければ革新も起こらない。

当然のことながら、起業家の理想主義とマネジャーの現実主義との間には緊張が生まれる。しかし、大きな成功を生むためには、この二つの人格を協力させることが必要なのである。

職人——手に職をもった個人主義者

職人とは、自分で手を動かすことが大好きな人間である。

「きちんとやりたければ、人に任せず自分でやりなさい」これが職人の信条である。職人にとって、仕事の目的は重要ではない。手を動かして、モノをつくり、その結果として目的が達成されれば満足なのだ。

起業家が未来を生き、マネジャーが過去を生きているとすれば、職人は現在を生きる人である。モノに触れて、つくりあげることが大好きで、決められた手順にしたがって仕事をしているときに、幸せを感じるのである。

職人にとっては、考えるという作業は生産的ではない（もちろん、目の前の仕事について考えることは大切だが）。そのため職人は、難解な理論や抽象的な概念に対して懐疑的である。考えることは役に立たないどころか、仕事の邪魔にすぎず、「どうすればいいか」さえわかればそれで十分なのである。

職人は、手に職をもった個人主義者と呼ぶことができる。そして、スモールビジネスの経営者の中に職人タイプの人物が多いということも、この先で私が書くことへの重要な伏線になる。

職人の仕事はとても大切なのだが、他の人格は職人の邪魔をしてばかりだ。起業家はいつも新しいだけで役に立たないアイデアを吹き込み、仕事の手をとめようとする。本当なら、起業家が新しい仕事を考えて、職人がそれを実現させるという役割分担が成り立つはずなのだが、実際にはうまく機能していない。

また、職人にとっては、マネジャーもやっかいな存在である。なぜならマネジャーは職人を管理し、仕事での個性を否定しようとするからである。職人にとっての仕事とは、名人芸を発揮する場である。しかし、マネジャーにとっての仕事とは、小さな結果を積み重ねたものであり、どれほどの名人芸が発揮されていようとも、それは部品にすぎない。このようなマネジャーの態度に、プライドの高い職人は我慢ができないのである。

マネジャーから見れば、職人は管理すべき対象である。職人から見れば、マネジャーはできれば関わりをもちたくない人物である。たいていの場合、二人の意見は一致しないのだが、起業家がトラブルの原因であるということだけは、二人に共通の認識となっている。

私たちの誰もが、起業家とマネジャーと職人という三つの人格をあわせもっている。そして三つのバランスがとれたときに、驚くような能力を発揮するのである。

起業家は新しい世界を切り開こうとし、マネジャーは事業の基礎を固めてくれる。そして、職人は専門分野で力を発揮してくれる。それぞれの人格が最高の働きをすることで、全体として最高の結果を出せるのである。

しかし残念なことに、私の経験から言えば、起業した人の中で三つの人格をバランスよく備えている人はほとんどいない。それどころか、典型的なスモールビジネスの経営者は、一〇%が起業家タイプで、二〇%がマネジャータイプで、七〇%が職人タイプである。

起業家は高い目標を掲げる。それを知ったマネジャーは、起業家の暴走を引きとめようとする。このように二つの人格が争っている間に、いつのまにか職人が主導権を握っているのである。しかし、これは起業家の目標を実現するためではない。職人の目的は、他の二つの人格から仕事の主導権を奪うことなのだ。職人にとって、自分が主導権を握っていることは理想である。しかし事業全体から見れば、それは最悪の結果を招く。なぜなら間違った人物が主導権を握っているからである。職人は決して主導権をもつべきではないのだ！

サラは私の話を聞いて、少し戸惑っているようだった。

「わからないわ」彼女は言った。「どうすればよかったのかしら？　私が起業した理由はただ、パイを焼くのが大好きだったからなのよ。それが理由で起業してはいけないの？」

私の顔を見る彼女の表情から判断すれば、私に対して疑いの気持ちをもっているようだ。どうやら、サラの機嫌を損ねてしまったらしい。

「そうだね、一緒に考えてみよう」私は答えた。

「もし、一人の人間の中に三つの人格があって、それぞれが違うことを考えているとすれば、どれだけの混乱が起きるか想像できるかな？　もっといえば、僕たちが普段接している人たち、例えば顧客、従業員、子供、両親、友達、配偶者、恋人の中にも三つの人格があるんだ。それぞれの人と接する中で、今どの人格が主導権をもっているのかを見極めなきゃいけない。もちろん自分に対しても、そういう見方をすることが必要になるんだ。しかも一日じゅうね。そうすれば、これまでとは違うことが見えはじめると思うよ。きっと三つの人格がきみの中で陣取り合戦をしているのに気づくはずさ」

「きみがお店を経営するときのことを考えてみようか。一つの人格がバラ色の将来を夢見ているのに、もう一つの人格は、目の前のことを管理したがっている。さらに別の人格は、パイを焼いて掃除を始める」

「要するに、きみの中の起業家は、将来の大きな計画をつくろうとするのに、マネジャーは、現状を維持したがっている。職人は、他の二人を怒らせるようなことばかりをやってしまう。こんなふうに、仕事をするときの人格にバランスがとれていないことが、大きな問題なんだ。このままではきみの生活のバランスも崩れてしまう」

「注意深く自分自身を観察してごらん。きみの人格のうちの一つが特に強くて、いつも他の二つをコントロールしているんじゃないかな?　実際に、長い間観察してみれば、特定の人格が、人生に大きな影響を与えてきたことがわかると思うよ。私の経験から言えば、三つの人格のバランスが悪いと、それを反映してきみの事業全体が、バランスの悪いものになってしまうんだ」

「起業家が事業を立ち上げても、マネジャーや職人がいなければ、あっというまに破綻してしまう。かといって、マネジャー中心の事業だと、管理の仕事が増えるばかりで、何のために管理しているのかがわからなくなってしまうんだ。こんな事業はすぐに消え去ることになるだろうね。かといって職人主導の事業だと、次の朝起きてもっと働こう、次の朝も、またその次の朝も、と倒れるまで続けてしまう。ずっと後になってから、働きすぎたことに気づいても、もう手遅れなんだよ」

ここまで私の話を聞いたサラの表情は自信なさそうに見えた。

「でも、私はそんなに強い起業家の人格をもっていないと思うの。これまで私がやりたかったのは、ちょうどあなたが言った職人のように、パイを焼くことだけなのよ。起業家の人格が私の中からいなくなったとき、私はそれに気づかなかったんだわ。私の中に起業家がいないとすれば、どうしたらいいの？」

ようやくサラは私の話に興味をもちはじめてくれたようだった。サラは自分の内側にある人格に気づいたからだろう。

「サラ、結論を出す前に、起業家の人格についてもう少し詳しく見てみよう」

「きみはこの事業のオーナーだ。起業家とオーナーは切り離して考えなきゃならない。起業家は事業全体の大きな絵を描く仕事をするんだ。言い換えてみれば、それは正しい問いかけをすることなんだよ」

「世の中にはいろんな事業があるのに、どうしてきみはパイを焼く仕事を選んだのかな？　別にドラッグストアでもよかったかもしれない。きみはパイづくりの名人だから、パイの専門店をつくるというのはとても自然な考えかもしれないけど、しばらくはその能力を忘れてほしいんだ。そして、『**なぜ**あの事業ではなく、この事業なのか？』って、自分に向かって問いかけてほしいんだ」

「自分に向かってこう言ってごらん。『さあ、人生をやり直すときがやってきた。できるだけの想像力を働かせて、全く新しい人生を考えてみよう！　私の周りには、チャンスが満ちあふれている。これを生かすのにいちばんいい方法は、誰もやっていないような事業を立ち上げることだ！　私の夢を実現するような事業。人に任せても成功する事業。世界中でたった一つしかないようなユニークな事業。一度買い物に来た人なら何度でも足を運んでくれるような事業。さあ、どんな事業を始めればいいのだろうか？』」

「『どんな事業を始めればいいのだろうか？』これが本当に起業家的な質問なんだよ。こういう問いかけをすることが、起業家の仕事でいちばん大切なことなんだ」

「起業家の仕事は、疑問をもつこと、想像すること、夢を見ること。そして、ありとあらゆる可能性を追求すること。もちろん過去ではなく未来を見なきゃならない。これがきみの中の起業家がやるべき仕事なんだ。そのためには、『なぜ？』『なぜ？』『なぜ？』という問いかけを、いつも続けなきゃならない。問いかけを続けることは、未来のための仕事なんだ。これがきみの心の中にいる起業家の本当にするべき仕事なんだよ」

サラの口元に一瞬だけかすかな笑みが浮かんだ。「じゃあ、どうすればよかったのかしら？　もし私がちゃんと自分の中の起業家を生かしていたら、これまでに私がやってきた事業はどう変わっていたのかしら？」

「やっとわかってくれたようだね！　いい質問だ。その質問に答えるためには、スモールビジネスがどういうふうに成長していくのか、そしてきみの事業がどの段階にあるのかを見てみようか」

3 幼年期――職人の時代

人が成長するように、事業も成長することが当然と思われている。そして、成長には変化を伴う。しかし残念なことに、成長を続ける事業はごくわずかである。それどころか、ほとんどの事業はオーナーが望まない方向に進んでいるようにさえ見える。

あなたの中の職人が会社を経営するときには、成長や変化を求めようとはしない。口うるさい上司のいないところで、好きなように働ければそれで満足なのだ。こんな職人が事業を経営しようとしても、行く末はわかりきっているのではないだろうか?

その理由を話す前に、事業が成長する様子を幼年期、青年期、成熟期の三段階に分けてみよう。三つの段階があることを知り、各段階での経営者の心理を理解することは、あなたの事業を成功させるのにプラスになるはずである。

すべての仕事をこなす職人的経営者

あなたは独立し、会社に勤めていたころの上司はいなくなった。ついに職人としての自由を勝ち取った！　自分のやりたいことが誰にも邪魔されずにできる。将来はバラ色に見え、その可能性に胸が躍る気持ちだ。まるで夏休みに入ったときの子供のように、手に入れた自由に胸をふくらませている。

独立した当初は、何も考える必要はない。職人として仕事をこなすことにかけては、あなたはベテランだ。だから、事業を立ち上げてまもない幼年期の間は、あなたは喜んで働こうとする。「目の前に仕事がある、それで十分じゃないか！」

こうやって、一日に十時間、十二時間、十四時間、そして一日も休むことなく一週間働くようになる。他のことをしているときにも、事業のことが頭から離れなくなり、仕事を中心に生活が回りはじめる。必要となれば、お金や労力を惜しみなく注ぎ込んでしまう。こうやって、あなたは仕事に消耗しはじめることになる。

あなたの仕事は商品をつくるだけではない。仕入れ、販売、発送の仕事もこなさなければならない。これだけの仕事をミスもせずにこなしているあなたは、たくさんのボールを空中で自在に操る大道芸人のような才能を発揮しているのである。

事業の幼年期を見分けるのは簡単である。なぜなら、オーナー＝事業なのだから。もし幼年期の事業からオーナーがいなくなれば、何も残らず、事業そのものが消滅してしまう！幼年期には、あなたが事業そのものなのだ。店の名前に、あなたの名前はついていないだろうか？　ジョーの床屋、トミーの印刷ショップ、メアリーの食料品店。こうすればお客さんにも、あなたがこの店のオーナーだということがすぐにわかる。

運がよければすぐにでも、あなたの努力や苦労は報われることになる。「頑張ったおかげで、お客さんも店のことを覚えてくれるようになった。何度も来てくれるし、友達にまでうちの商品を紹介してくれる。その友達はまた別の友達に紹介してくれる。みんなが私の店のファンになってくれた！」

顧客の言うことを信じるなら、彼らの店はこれまでにない商品やサービスを提供してくれる。ジョーはこれまでに行った中で最高の床屋だ。トミーは最高に腕のよい印刷職人だ。メアリーは最高においしいコンビーフのサンドイッチをつくってくれる。顧客はあなたの店が大好きで、その列が途切れることはない。あなたは自分の事業が成功していることにとても満足している。

限界を超えはじめる仕事量

ところが、ある日を境に変化が起こりはじめる。初めのうちは小さなものかもしれないが、その問題はだんだんと明らかになってくる。ついに仕事量があなたの限界を超えるようになったのだ。いくら頑張っても仕事量に追いつかなくなってきた。でも、顧客はこれまでと同じように、最高の仕事をしてくれるものだと期待している。あなたはもう限界だ！

天才的な大道芸人のように、鮮やかなボールさばきを見せていたあなたも、いよいよボールを落としはじめる。顧客が増えすぎたために、どれだけ頑張ってもすべてのボールを受け止めることはできなくなってしまったのである。これは避けられないことだった。こうなってしまうと、顧客のために働こうという気持ちは薄れてくる。以前はすぐに配達していたのに、今では遅れるようになった。そして不良品も交じるようになった。何もかもが最初のようにはうまくいかなくなる。

ジョーの散髪の腕前はガタ落ちだ。「私は後ろを短くしてくれと言ったんだ。横じゃない！」「俺の名前はフレッドじゃない。それは俺の兄貴だ。俺は角刈りになんかしたことはないぞ！」

トミーの印刷にも、ミスが目立つようになってきた。タイプミス、インクのしみ、配色ミス。「名刺を頼んだんじゃない。カタログのカバーを頼んだんだ！」「ピンク？　私は茶色って言ったのよ！」

世界でいちばんおいしいはずだったメアリーのコンビーフサンドは、薄っぺらなハムに見えるようになった。

こんな状況になれば、あなたならどうするだろうか？　きっと、限界まで働こうとするだろう。今までの労働時間が十二時間なら、今度は十四時間だ。十四時間なら次は十六時間。十六時間も頑張っていたのなら、最後は二十時間だ。でも、その間もあなたはボールを落とし続けているのである。

突然、ジョー、トミー、メアリーは、店の看板に自分の名前が大きく書かれていることを後悔し、雲隠れしたいと思いはじめる。

忙しい一週間を終えた土曜の夜遅くに、あなたは今週やり残した仕事と来週するべき仕事について考えにふけっている。そして**たくさんの仕事を仕上げることが不可能であることに気づく**。どうやったってできっこない！

こうして、あなたは上司から逃げるために起業したのに、今度は事業そのものが上司として、あなたを管理しているという皮肉な状況に陥ってしまう。**上司から逃げることはで**

きない！

経営者が、今までのやり方では事業が続けられないと気づいたときに、幼年期は終わりを迎える。生き残るためには、変化しなければならない。この変化に直面したとき、ほとんどの事業は倒産に追い込まれることになる。そして、生き残った者だけが青年期を迎えるのである。

私の話を聞いて、サラはまた落ち込んでしまったようだ。私はこれまでに多くの経営者と接する中で、こんな表情を何度となく見てきた。大きな壁にぶつかったときに、手も足も出ないような感覚に陥ってしまうのは、職人タイプの経営者によく見られることだ。けれども私には、サラは最後まで頑張り通すだろうという直感があった。

「私にはよくわからないわ。どうして職人だとだめなの？　以前の私は仕事が大好きだった。雑用に追われることさえなければ、今でも仕事が大好きなはずなのよ！」

「もちろんそうだろうね。そこがポイントだよ。職人タイプであること自体は、何も悪くはない。でも自分で事業を始めてしまったことが、間違いの始まりだったんだ。職人から経営者になった人は、物事を見るときに、高い視点から全体を見下ろそうとはせずに、低い視点から見上げようとしてしまう。戦略的な視点というよりは、戦術的な視点をもっているといえばいいのかな？　やるべき仕事がわかっていて、その方法もわかっているから、すぐに仕事にとりかかろうとしてしまうんだ。職人から見れば、事業はたくさんの仕事が組み合わされたものにすぎないから、一つずつ解決していこうとしてしまうんだろうね。でも、現実はそう単純じゃないんだよ」

「職人タイプの人は、他の人が経営する会社で働くべきであって、決して自分で会社を立ち上げるべきじゃない。なぜなら、きみも電話をとったり、パイを焼いたり、窓や床を掃除したり、とても忙しくしているけど、いちばん大切な戦略的な仕事、そして起業家的な仕事を置き去りにしていないかい？　そういう仕事こそが、きみの事業の将来を切り開いてくれるものなのに」私はこうも付け加えた。「いや、何も職人としての能力を発揮することが悪いと言っているんではないんだよ。それは楽しい仕事だと思う。でも、職人の人格が、他の人格を否定しようとするから問題になってしまう。一日じゅう働いて職人の才能しか発揮されないときや、起業家とマネジャーの役割から逃げようとしたときに会社がおかしくなってしまうんだよ」

「たとえきみが、職人としてすばらしい素質をもっていたとしても、それだけでは成功することはできないんだ。雑用に追われるばかりで、ストレスがたまって、仕事そのものが面白くなくなってしまう。どれだけひどい気分になるかわかるだろう？ きみが職人という立場で経営するかぎりは、何度やっても同じ結果になってしまうだろうよ」

サラは、これまでとは違う方法について考えはじめたようだった。

「でも、他の人に経営を任せてもうまくいくなんて、想像できないわ。だって、これまでは、いつも私がいなければいけなかったもの。私がいなければ、お客さんはどこか別の店に行ってしまうわ。この問題を解決することなんてできっこないと思うのよ」

「じゃあ、考えてみよう。お店の経営が、きみの才能や人柄、そしてやる気に依存しているのなら、きみがいなくなれば、お客さんもどこか他の店に行ってしまう。そうだろう？これはきみの能力や時間を、商品として切り売りしているだけなんだ。このままでは、きみの能力や時間の限界以上に事業を広げることはできない。本当なら、きみがいなくても、お客さんが満足するような仕組みをつくらなければならないんだよ」

「もしきみがお店にいられないときはどうするんだい？ 長い休暇をとりたいときや、家でゆっくりしたいときもあるだろう？ お客さんが望むような仕事は、きみにしかできないんだから、お客さんはいつも店にいてほしいと思うだろうさ。このままだと、一息つきたいと思っても、お客さんに満足してもらうためには、ずっと店にいるしか方法がなくなってしまうよ。もし病気になってしまったらどうするんだい?」

「こう考えたらどうだろう? きみが現場で働かなければならないのなら、それは事業を経営しているとは言わないんだ。それは仕事を抱え込んでしまっているだけじゃないのかな? このままだといつかはおかしくなってしまうよ」

「もう一つ付け加えるなら、そうやって仕事を抱え込むことが起業の目的じゃないと思うんだ。起業の目的は、仕事から解放されて、他の人たちのために仕事をつくりだしてあげることなんだよ。別の言い方をすれば、個人の限界を超えようとすることかもしれない。そうすることで、これまで満たされていなかった市場のニーズを満たす何かをつくりだすことができる。起業をすれば、刺激にあふれた新しい生活を送ることができるはずなんだよ」

サラは尋ねた。「蒸し返すつもりはないんだけど、もし私が自分で事業を立ち上げても、職人のような仕事をしたければどうなるの? もしそれ以外のことはやりたくないとしたら?」

私は思いきって、きっぱりと答えることにした。「それなら起業なんかすぐにやめてしまうことだね。それも、できるだけ早くね。なぜなら、会社やお店を経営するかぎりは、経理やマーケティングの仕事をこなすことは不可欠なんだ。このほかにも、リーダーシップを発揮したり、組織の問題を考えることも必要になってくる。それに、本気で成功したいのなら、キャッシュフローみたいな難しい概念も勉強しなきゃならないんだよ」

サラの表情が曇っていくのを知りながら、私は続けた。「とても荒っぽい言い方かもしれないけど、本当のことなので許してほしい。結局のところ、きみが事業を立ち上げた目的が、これまでと同じ仕事をしながら、もっとお金を稼いで自由時間を増やしたい、ということなら、それは単にわがままで欲張りなだけじゃないのかな？　そんな気持ちで起業しても、うまくいくはずがないよ」

サラはまだ納得していない様子だった。私は一息ついてから続けた。「今のままだと、これ以上前に進むことはできないんだ。起業家とマネジャーという役割を果たす準備ができていないからといって、職人の役割だけを頑張っても、先には進めないものなんだよ」

「起業して成功するということは、普通の会社で働くことよりずっと難しいことだと思う。なぜなら、職人としての腕前が必要なだけじゃなくて、起業家としての能力をもっと伸ばさないといけないし、マネジャーとして管理をする能力も高めないといけない。この能力が一つでも足りなければ、せっかくの事業も失敗してしまうからね」

「だから、きみが望んでも望まなくても、三つの人格を成長させるための方法を学ばないといけないんだ。ためしに、職人の立場を離れて、起業家とマネジャーの能力を引き出すような場面をつくってごらん。そうすれば、会社をつくるっていう仕事は、きみが考えているよりも面白いものになると思うよ」

「もっと教えて。その方法を知りたいわ」と言うサラに対して、私は次のように答えた。

「そうしよう。だいぶ僕の言いたいことがわかってきてくれたようだね。でもまずは、次の青年期を見てみよう」

4　青年期——人手が足りない！

事業の青年期は、人手が必要だと感じたときから始まる。起業から何年後に青年期が始まるといった決まりはないが、処理能力を超えるような仕事を抱え込むようになったころからである。こうなれば、経営者は必ずといってよいほど、人手が欲しいと考えるようになる。大量の仕事を抱えるようになった職人タイプの起業家には、どんな助けが必要となるだろうか？

その答えはとても簡単で、専門的な能力をもっている人材が必要になるのである。似たような会社で働いた経験がある人、そして起業家が自分ではやりたくない仕事を、代わりにやってくれる人が必要となるのだ。

営業が得意な経営者は、生産畑の人を探しに行く。生産畑の経営者は、営業が得意な人を探しに行く。そして面白いことに大半の経営者は、帳簿をつけてくれる人を探そうとする。なぜなら、ほとんどの経営者は経理の仕事が大嫌いで、なんとかしてその仕事を避けたいと思っているからである。

初めての従業員を雇う

こうして、あなたは最初の従業員、ハリーを雇うことになった。彼は六十八歳の経理担当者だ。十二歳からずっと経理の仕事を続けていて、八カ国語で帳簿をつけることができる。何よりも大切なことは、ハリーは似たような会社で二十二年間も帳簿をつけていた経験があるということだ。そんな人物があなたの会社の一員になったのである。頼りになる人物が現われたことで急に世界が明るく思えてきた。これまでは、一人で背負い込んでいた経理の仕事をハリーに任せられるのだから。

かくして月曜日の朝にハリーはやってきた。あなたは彼を温かく迎え入れる。正直に言えば、「温かく」というよりは、「熱烈に」といったほうがよいかもしれない。この瞬間のために、週末に準備を進めてきた。もちろんきれいに掃除をすませたし、広々としたスペースを彼のために空けておいた。机の上には、「ハリー」の名前が入ったマグカップと帳簿が置いてある。

どんな事業にも、経営者がやりたくない仕事やできない仕事を代わりにやってもらうために、従業員を雇うときはやってくる。特に最初の従業員を雇うときは、とても大切な瞬間である。あなたの事業では、ハリーが初めての従業員で、月曜の朝がその大切な瞬間なのだ。

考えてみてほしい。あなたは大きな一歩を踏み出した。帳簿はあなたの机ではなくハリーの机の上にある。そしてハリーは、あなた以外の人間としてはただ一人、あなた自身とあなたの事業のことを詳しく知るようになるのだ。

最初で、かつ最も重要な従業員であるハリーは、帳簿を手に取ろうとしている。そして、企業秘密――あなたがわけのわからないままに帳簿をつけてきたという事実――を知ろうとしているのである。

心配なのは彼の反応である。笑い出すだろうか？　泣き出すだろうか？　いきなり辞退するかもしれない。それとも働いてくれるだろうか？　もし、ハリーが経理の仕事をやってくれなかったら、誰がやるのだろうか？

こんなあなたの心配をよそに、ハリーの机から電卓をたたく音が聞こえはじめる。ハリーは働きはじめてくれた！　ハリーがこの会社に勤めてくれるのだ！　あなたは自分の幸運が信じられない。もう経理の仕事をしなくてもよいのだ。この一瞬で「会社を経営する」という言葉の意味が身にしみてわかるようになる。

「もうあんなことはしなくていいんだ！」ついに、経理という面倒な仕事から解放され、職人からマネジャーへと立場が変わったのである。もう心配をしなくても、これからは代わりの人が働いてくれるのである。

しかし、あなたにはマネジャーとしての経験がないために、ここで失敗を犯してしまう。つまり、ハリーに帳簿を渡したまま、経理の仕事から逃げてしまったことだ。これを「委任」と呼べば格好はよいが、私から見れば管理を「放棄」しただけなのだ。

カギを握る「起業家」と「マネジャー」の人格

面倒な仕事を放棄したおかげで、しばらくの間、良くも悪くもあなたは自由の身となる。結局のところ、他の仕事に追われていることに変わりないが、これまでよりは自由になる。それにハリーがいるおかげで、ずいぶんと様子が変わった。なぜなら、経理の仕事をしていないときには、電話に出てもらうこともできるし、ちょっとした配達の仕事やお客さんの応対を頼むこともできる。

あなたの生活は楽になった。まるで夢のような生活だ。昼食の休憩も十五分から三十分に延ばすことができた。仕事が終わるのも夜の九時から八時になった。

ハリーはときどき、報告をするためにあなたのところにやってくる。でも、やっぱり忙しいあなたは、「ハリーの思い通りにやってくれ」と言うだけである。ハリーがどんな仕事の進め方をしていても、あなたの邪魔さえしなければそれでいい。自分には他にもっと大切な仕事があるのだから。あなたはこんなふうに考えているにちがいない。

事業が成長しはじめると、ハリーにも部下が必要になってくる。相変わらず忙しいあなたは、「人を雇うように」とだけ指示を出し、彼はその通りにする。ハリーはすばらしい人だ。自分で仕事を進めてくれるし、その進め方を心配する必要もない。決して不満も言わないし、熱心に働いてくれる。何といっても、あなたが嫌がるような仕事はみんなやってくれる。こんな理想的な従業員がほかに見つかるだろうか？　こうして、あなたは上司となり、自分のやりたい仕事だけに集中できるようになった。ああ、これこそが起業家の生活だ！

しかし、ある日思いがけない混乱が起こりはじめる。

顧客から、従業員の応対が悪いというクレームの電話が入ってきた。応対した従業員の名前を聞いてみても、顧客は覚えていなかった。でも、またこんな人間が応対したら、顧客はもう店に来てくれなくなるだろう。あなたはきっちりと調べたうえで対応することを約束する。

次には、取引先の銀行から電話がかかってきた。口座の残高がマイナスになっているらしい。驚いてその理由を聞いてみても、銀行員はよくわからないと答えるばかりだ。とはいっても、お金が借りられなくなるのは困るので、きっちりと調べたうえで対応することを約束する。

さらには、付き合いの長い仕入先から電話が入り、発注ミスが原因で、配送が十週間遅れることが判明する。そのうえ、従業員の手違いで、必要以上の在庫を買い取ることになってしまった。こんな事態になった理由を聞いてみても、仕入先の担当者にはわからないようだ。でも、発注の方法を見直さないかぎり仕入先との信頼関係は失われてしまうだろう。ここでも、きっちりと調べたうえで対応することを約束する。

あなたは担当者に事情を聞くために、事務所を飛び出して、出荷作業をしている倉庫に行ってみる。そこではハリーが雇った若者が商品を梱包しているところだった。彼の包み方を見て、思わず感情が爆発してしまう。「誰がそんなふうに梱包しろって教えたんだ！」

若者はびっくりした様子だが、あなたはお構いなしにまくしたてる。「誰も正しい梱包の仕方を教えてくれなかったのか？　ほら、貸してみろ。私がやるよ」こうして自分で梱包作業をすることになった。

その日の午後、あなたは偶然に生産ラインのそばを通りかかるが、ここでもラインのスタッフの動きが気に入らない。「誰がそうやれって教えたんだ？　誰も正しいやり方を教えなかったのか？　ほら、貸してみろ。私がやるよ」今度は、生産ラインでも働くことになった。

次の朝、あなたは新しく入った販売員と話をしている。これもハリーが雇った人間だ。「お客さんのAさんに何が起きたんだ？」と聞く。彼女の答えを聞いたあなたは怒りはじめる。「私が担当したときには、そんな問題は全然起こらなかったぞ！」もう泣きそうな気持ちになってきた。「もういい！　私がやるよ」こうして、販売の仕事までも引き受けるようになってしまった。

急に現場で働きはじめたあなたの姿を見て、新参者の従業員は「いったいあの人は誰ですか？」とハリーに尋ねるにちがいない。きっと、ハリーは肩をすくめながら、「ああ、あれが社長だよ」と答えることだろう。

ハリーに権限を委譲したといえば聞こえがよいが、「管理」の仕事を放棄した弊害が、あちこちで噴出してきた。これは、空中にあるボールの数があなたと従業員の能力の限界を超えたときに起きる現象で、青年期の事業が必ずぶつかる壁である。

こうやって、自分が犯した大きな間違いに気づくことになる。つまり、ハリーを信用するべきではなかったのだ。いや、誰も信じるべきではなかった。誰もあなたほど熱心に働きたいとは思っていないし、あなたのような能力や事業欲を持ち合わせていないのである。誰もあなたと同じようには働いてくれないのだ。

結果として、あなたは現場に舞い戻り、再び天才的な大道芸人としての活躍が始まることになる。つまり、ハリーを雇う前と同じ状態に戻ってしまうのである。

事業が青年期にある経営者は、誰もが同じ状況にある。みんな働いてばかりで、いつも忙しい、忙しいと不平を漏らしている。せっかく給料を払って人を雇っているのに、すべての仕事を自分でやろうとしているのだから、それは当然のことである。さらに、あなたが働けば働くほど、従業員の仕事がなくなってしまい、従業員は働かなくなってしまう。こんな様子を見てあなたは、やっぱり自分が働かなければならないと思い、従業員の仕事に口をはさむようになる。こんな悪循環が起きているのである。

大道芸人の生活に戻ってしまった後の気分は、きっと絶望的なものにちがいない。こんな状況を抜け出すためには、今までとは違う解決法が必要となる。その解決法こそが、自分の内側にある「起業家」と「マネジャー」の人格を呼び起こすことなのである。

これまでにあなたは、職人としての能力を頼りに事業を成長させてきた。自分がいちばん得意な部分を発揮してきたのだから、忙しいとは言いながらもそれは心地よい疲れだったのかもしれない。だとすれば、これまでの事業の大きさはちょうど「手ごろなサイズ」だったのではないだろうか？　しかし、今やあなたの事業は、職人の能力だけでは超えられない壁にぶつかるようになってしまった。「手ごろなサイズ」を超えて成長するためには、他の能力を活用しなければならない。

ここまで話して、私はサラに目を向けた。どうやら私の話は的を得ていたようだ。「手ごろなサイズ」という言葉は、彼女の中でも思い当たることが多かったようだ。

5 誰もが経験する成長の壁

事業とは成長するべきであるという考えにしたがうなら、すべての事業は、いずれは「手ごろなサイズ」を超えて成長する運命にある。「手ごろなサイズ」とは、経営者が事業をうまくコントロールできるかどうかの境目といえるだろう。

職人タイプの経営者にとっての「手ごろなサイズ」とは、自分でこなせる仕事の量によって決められる。マネジャータイプにとっては、部下のマネジャーや職人タイプの人間を管理する能力によって決められる。そして起業家タイプにとっては、自分の夢を実現するために何人のマネジャーを働かせることができるかによって決められる。

コントロールを失う瞬間

事業が成長するにしたがって、経営者の管理能力を超える瞬間は必ずやってくる。そうなれば、現場との接点をもつことが難しくなり、社内で何が起きているのかさえわからなくなる。こんな状況に嫌気が差したあなたは、自分の得意な仕事に引きこもり、苦手な仕事を投げ出してしまう。こうやって、マネジャーの役割は放棄され、他の誰か――例えばハリー――に、その責任が押し付けられてしまうのである。

この時点で、絶望は希望に変わる。なぜなら、ハリーならきっとうまくやってくれるからだ。もう心配はいらない！

しかし職人タイプのハリーには、十分な指示を出すことが必要だ。事業全体の長期的な計画や、その中でハリーが果たす役割を教えなければならないし、彼の仕事ぶりを評価する方法も伝えなければならない。

つまり、ハリーを効率よく働かせるためには、彼のマネジャーが必要なのである。残念ながら、職人タイプの経営者はこの能力を持ち合わせていないために、事業が立ち行かなくなってしまうことになる。

「手ごろなサイズ」を超えて事業が拡大するにしたがって、会社内部の混乱は加速しはじめる。それに対する解決方法は三通りに分けられる。一つ目は幼年期に戻ること、二つ目は倒産に追い込まれること、そして三つ目は歯を食いしばってでも、これまでのペースで頑張ることである。

それぞれの選択肢について詳しく見ることにしよう。

事業を縮小して、幼年期へ戻る

事業が混乱しはじめると、たいていの職人タイプの経営者は「事業を縮小しよう」と考える。職人という性格を考えれば、予想通りの意思決定だといえるだろう。職人タイプにとっては、事業を縮小することが、混乱から抜け出すのにいちばん簡単な方法なのである。すべての仕事を自分でやってしまえば、従業員に気を使う必要もなくなる。要するに、事業がもっと単純だった幼年期に戻ってしまおうと考えるのだ。さもなければ、増える一方の顧客に対応しきれないばかりか、借金も在庫も増えることになる。

これまでにも数えきれないほどの職人タイプの経営者たちが、この意思決定を行ってきた。従業員をクビにし、在庫を処分し、小さな事務所に引越し、すべての仕事を自分自身でこなしはじめる。

こうしてあなたは、オーナー兼経営者兼シェフ兼洗い物係という立場に戻った。一人で全部の仕事をこなさないといけないが、すべてを思い通りにできることに安心感を覚える。

「やっぱりこれがいいじゃないか！」職人タイプの経営者は、一人で仕事をしていたころの悩みを忘れて、この状態に大満足してしまうが、おわかりの通り、やはりこのままでは行き詰まるときがやってくる。

ある朝――それは「事業を縮小した」日から六週間後かもしれないし、六年後かもしれないが――避けられないことが起こる。ベッドで目覚めると、妻（もしくは夫）が「どうしたの？　何か調子悪そうだけど」と心配そうな表情を見せている。

「あんまり調子がよくないんだ」

「どうして？」と聞かれて、あなたはこう答える。

「簡単なことさ、もう仕事をしたくないんだ！」

でも、わかりきったような答えが返ってくる。「あなたがやらなかったら、誰がやるの？」

こうして、厳しい現実から逃げられないことに気づかされる。つまり、自分は会社を経営しているのではなく、大量の仕事を抱え込んでいるにすぎないという現実である。これは最悪の状態ではないだろうか？　事業をやめたいと思っても、生活の手段がなくなってしまうので、やめることができない。休みたいと思っても、代わりがいないので休むこともできない。かといって事業を売り払おうとしても、誰も買ってくれない。

こうやってあなたは、スモールビジネス経営者の悲哀を感じることになる。ささやかな夢が消えたのと同時に、働く意欲も消えてしまった。もう窓磨きも床掃除もやる気が起きない。店にやってきてくれるお客さんは、いろいろと注文をつけたがる面倒な人たちにしか見えないし、店で着る洋服にも無頓着になってきた。入り口の看板は色あせて、はがれている。でも、あなたは気にしようともしない。

このようにして夢は失われ、山のような仕事だけが残ってしまった。毎日が単調でつらい作業の繰り返しである。この繰り返しに耐えきれなくなったとき、ついに看板を下ろすことを決意する。もう心残りに思うことは何もない！

これはもっともなことだ。あなたにとって、事業とは人生の希望だった。しかし、今や希望は失われ、かなわない夢の墓場となってしまったのだから。

米国の中小企業局によれば、このようにして年間四十万以上の会社が廃業しているのである。

倒産へ向かう

「事業の縮小」以外にも他の選択肢がある。それはひたすら成長を続け、そのスピードゆえに空中分解してしまうというものである。「事業の縮小」に比べれば、派手に見えるかもしれないが、意外にも痛みの少ない方法だと私は考えている。

これまでに数えられないほど多くの会社が、倒産へと向かう運命をたどってきた。共通するのは、起業家のような情熱をもった職人タイプの人間によって立ち上げられたということである。彼らはそろって、商品開発ばかりに注力し、事業全体のことを忘れてしまうために失敗してしまう。つまり、力を入れるポイントを間違えてしまうのである。

「倒産へ向かう」タイプの事業は、ハイテク時代の象徴でもある。なぜなら、新しい技術が広がり、それにたずさわる人が急増したことで、いわば新世代の職人が起業を目指すようになったからである。

新世代の職人たちは、もてる技術を駆使して、次々と新商品を市場に投入し、成長を目指そうとする。しかしながら、成長のスピードが速まるにつれて、社内では混乱が始まる。技術革新はあまりにも速く、じっくりと会社の将来を考える時間などない。新製品への注文があまりにも多く、今の生産能力では処理できない。こうして事業は空中分解を始めるのである。

このタイプの事業で成長のカギを握るのは、運とスピードと技術力である。並の運とスピードと技術力があるからといっても、十分とはいえない。なぜなら、もっと運がよくて、もっとスピードが速くて、もっと技術的に優れたライバルがどこかにいるからである。さらに不幸なことに、このタイプの事業では異常なスピードでゲームが進められるので、態勢を立て直す時間さえとれない。つまり、この種の事業では一瞬の才能の輝きや強運が、勝敗を決めるレースのようなものなのである。いわばハイテク版のロシアンルーレットだと呼ぶこともできるだろう。しかし、ハイテク時代の職人たちは、危険なゲームの性質を知らないままに、次々とこの世界に飛び込んでくるのである。

青年期での生き残り競争《サバイバルレース》

青年期のビジネスにとって最悪の選択肢は、青年期にとどまったまま生き延びてしまうことである。

あなたはとても意志が固く、困難な状況にも決してくじけないと誓った。毎日戦うような気持ちで、仕事を始める。こうなれば仕事は、ジャングルでのサバイバルレースのようなものだ。事業を続けるためなら、手段を選んでいる場合ではない！

ここまで覚悟を決めれば、生き残ることも不可能ではない。従業員やお客を冷たくあしらってでも、家族や友人に怒鳴り散らしてでも、事業を存続させようとする。しかし、いくらわめき散らしたところで、あなたが常に現場にいないかぎりは、事業は存続できないのである。

現在の事業規模を維持しようとすれば、いずれは必ず仕事に消耗してしまうことになる。どんな仕事でも自分で対応しなければならないし、来る日も来る日も、同じ戦いが続くのである。しかし、どれだけ頑張っても、状況はいっこうに改善しない。

この状態をたとえれば、一つのシリンダーしか動かない十二気筒《きとう》エンジンのようなものではないだろうか？　たった一人でせっせと仕事をして、十二個のシリンダーと同じだけの働きをしようとしている。しかし、いくら頑張っても、十二個のシリンダーと同じ仕事はできないのである。

あなたに経営者としての経験があるなら、きっとこの状態を理解できるだろう。また、経営者の経験がなくても、そのうち理解できるようになるはずだ。なぜなら、スモールビジネスの大半は、幼年期と青年期にとどまったままだからである。これは私の二十年の経験からいえることである。もはや手に負えないほどの仕事を抱えていて、精神的にもぐったりとしている。

こんな状況を避けるためには、ちゃんとよい方法があるのだ。

私の話にサラは気を悪くしたようだが、時間がたつにつれてなんとか気を取り直してくれたらしい。彼女は自分のお店がたどってきた道のりを、ひとりでに話しはじめた。「私の話かと思うほど、そっくりの話ね。私の場合は、事業を縮小したのよ。でも、何が起きたのかよくわかっていないというのが、正直なところなの」

「私の店にも、ハリーみたいな人がいたわ。エリザベスという名前だったけどね。私が彼女を雇ったのは、事業を始めて六カ月たったころで、それから彼女は信じられないほど一生懸命に働いてくれたのよ。経理の仕事をしてくれたし、パイを焼くのも手伝ってくれたし、開店前と閉店後には掃除までしてくれたの。人手が必要になったときには、従業員を三人も雇って、教育までしてくれたわ。二年間で事業が拡大するにつれて、エリザベスに任せる仕事もどんどん広がっていったけど、嫌な顔一つせずに、私と同じくらい働いてくれた。当然のように彼女はこの店や私のことを気に入ってくれていると思っていたし、私もそんな彼女が大好きだったのよ」

「それなのに、ある朝——たしか六月十日水曜日の朝七時だったわ——電話をかけてきて、もうお店には行きませんと言うのよ！　彼女はすでに別の仕事を見つけていて、私と一緒に働くことはできないって。私は彼女の言葉が信じられなかった。冗談だと思ったわ。私は笑って、エリザベス、冗談はよして！　みたいなことを言ったの。そうしたら彼女はごめんなさいって言って、電話を切っちゃったのよ！」

「私はそこに立ちつくしたまま、泣いたわ。それから急に不安になってきたの。どうすればいいの？って、今まで感じたことのないような不安に、思わず寒気までしたわ。どうして信頼していた人が、急に赤の他人になってしまうわけ？　私のいったいどこが悪かったの？　私の勘違いだったの？　それとも、エリザベスともっと話をしておくべきだったのかしら？」

「でも、どれだけ私が傷ついていても、胃が痛くても、店を開ける準備をしないといけないでしょ？　だから、オーブンからパイを取り出して、床掃除をして、というふうに仕事を始めるしかなかった。それから私はわきめもふらずに走り続けてきたのよ。でも、彼女が雇った従業員たちもその後すぐにやめていったわ。正直いえば、私はエリザベスが雇った従業員とはほとんど話をしていなかった。たぶん彼女たちはエリザベスの従業員だったんでしょうね」

「今から振り返ってみると、あのころ、どれくらい楽だったかがわかってきたの。従業員のことなんて考えずに、自分の仕事だけに没頭していたんだもの。私がエリザベスに任せっきりだということに、従業員も気づいていたと思うのよ。だって、彼女がやめた後に、従業員は私を疑うような目で見るようになった気がするの。きっと私が一方的にエリザベスをやめさせたとでも思っているんじゃないかしら。残った従業員を引きとめようとしても、彼女がやめた後では、説得する言葉も見つからなかったわ」

「私はこのことで、ひどく落ち込んでしまったの。だから、エリザベスや他の従業員の代わりに誰かを雇おうという気がしなくなったし、雇おうと考えるだけでも恐ろしかった。もう一度、自分の生活に他人を組み込むというリスクをとることは避けたかったのよ。それでまた、すべての仕事を自分でやるようになったわ。これが私にとっての『手ごろなサイズ』よ。これ以外に、何か解決方法があったのかしら？」サラは深いため息をついた。

私は答えた。「すべてをやり直すんだ。でも今度は違う方法でね。それが泥沼から出るための唯一の方法なのさ」

私たちの多くは、信頼していた人に失望させられた経験をもっている。しかし実際は、自分自身の能力不足や注意不足、理解不足が原因なのである。深い失望を味わっても、一緒に仕事をするためには信頼するほかないので、また人を信用するようになる。こうして同じ失敗を繰り返すことになるのである。

本当の信頼関係は「お互いをよく知ること」で築かれる。注意するべきなのは、「知ること」と「盲目的に信頼すること」は別問題だということだ。「知る」ためには、「理解」しなければならないし、「理解」するためには、相手の人柄や行動パターン、もっている知識や興味の範囲を知らなければならない。

結局のところ、サラはエリザベスのことをよく知らないままに信じていたのだ。サラはただエリザベスを信じたいと思っていたのだろう。なぜなら、彼女を信じてしまえば、面倒な仕事をせずにすんだからである。

面倒な仕事とは、エリザベスとの役割分担を話し合って決めることである。つまり、サラは経営者の役割を果たし、エリザベスはその従業員となる。そして、サラはエリザベスのために、いろいろな決まりごとをつくる。

サラはこの経営者の役割を面倒だと思っていたから、エリザベスを信じることで、すべてを運に任せることにしてしまった。彼女は経営者としての責任を放棄し、一人の従業員としてパイを焼く仕事に引きこもり、エリザベスとの話し合いを避けるようになった。これが、エリザベスがやめる原因となったのである。

責められるべきは他の誰でもなく、自分自身だということをサラはよくわかっているようだった。もう彼女を責める必要はない。私が次にするべきことは、もう一度挑戦するときにはどうすればよいのかをサラに伝えることだった。

「次に挑戦するときには、自分の事業は成長する運命にあるということを知っておかないとね。そうすれば、きみの仕事内容もずいぶんと変わるんじゃないかな？　これさえ知っていれば、今のところは十分だよ」

「ところで、会社が大きいとか小さいとかって言うけど、その基準は何なんだろう？　従業員の数が基準かな？　六十人いれば大きいのかな？　百五十人でも小さいのかな？」

「本当のことをいえば、数字の基準はあまり大切なことじゃないんだ。むしろ大切なのは、きみの事業がどれくらいの大きさまで成長する潜在的な能力をもっているのか、ということなんだよ」

「なぜなら、きみが事業を立ち上げたときから、将来どんな成長の壁に直面するのかある程度予測できるものなんだ。それは景気が悪いとか、資金が足りないという問題ではない。

経営者に知識や経験や熱意が足りないことが、成長の壁となってしまうんだ」

「こう考えれば『事業を縮小する』というのは、事業が成長するときに感じる痛みや不安への反動のようなものだと思わないかい？　経営者が十分な準備をして、バランスをとりながら事業を成長させていれば、それに伴う痛みも不安も十分に予想できるはずだからね」

「もちろん、最初から成長の壁を予想するには、起業家としての心構えだけでは十分じゃない。新しい能力や知識、感情的な豊かさを身につけることで、きみ自身が変わろうとする意思が必要なんだよ」

「成長の途中にある青年期の事業が困難に直面したとき、どんな対応をするかによって経営者を二種類に分けることができる。ヨーロッパの『ドン・ファン』伝説に出てくる戦士のように、本当に勇敢な経営者なら、困難は『鉛』を『金』に変える機会だと考えるんだ。でも、反対にこれまで通りに居心地がよくて安全な自分の世界に逃げ戻ろうとする臆病な経営者もいる。こういう経営者は、触れたことのない『金』よりも、自分の手元にある『鉛』のほうがよいものだって思い込もうとする。後悔するぐらいなら、何もしないほうがいいって考えるんだろうね」

「『事業を縮小する』ことを選んだ会社は、経営者が変化を受け入れようとしなかったということなんだよ。成長に伴う変化に戸惑った経営者は、安心して経営できる『手ごろなサイズ』まで戻ろうとする。そして彼は何かいいことが起こるのを期待しながら、働き続けることになるんだ」

「サミュエル・ベケットの『ゴドーを待ちながら』を読んだことはあるかい？　この話の中でエストラゴンという浮浪者は、ゴドーがやってきて、みじめな状況から助けてくれるのを何日も待っているんだ。でも待ちくたびれて、仲間のウラジーミルに向かって言う。『このままじゃ、どうにもならないよ』それに対してウラジーミルはこう答えるんだ。『それはおまえが決めたことだろう』ってね」

「どんな事業にも選択肢は成長するか、縮小するかの二つしかない。せっかく事業が大きくなっても、いろいろな問題が起きてくると、職人タイプの経営者はそれを解決することをあきらめて縮小させてしまう。せっかくつくりあげた会社なのにね。でも、これは自然な反応なんだ。そして『事業を縮小する』会社は、死を迎えることになる。今すぐではなくても、いずれ消え去ることになってしまう。これ以外に、どうにもならないんだ」

「最後に残るのは深い失望感と借金だけで、人生がみじめに思えてくるんだ。こういう思いをするのは、経営者とその家族だけじゃない。従業員とその家族も、お客さんも、取引先も、お金を貸していた銀行も、このスモールビジネスに関わっていた人すべてなんだ。もし事業を立ち上げるときに違う方法を選んでいたなら、避けることができたんだよ。職人タイプの経営者が起業したいという熱病にうなされていたときに、もっと視野を広げて、起業家的な方法で事業を立ち上げていたらね」

「これまでにきみの事業で起きたことは、すべてとはいわないまでも、大部分は予測できたと思うんだ。パイが大好評で事業が成長すること、エリザベスと彼女が雇った従業員に起きたこと、事業が成長するにしたがって、きみにも高い能力が求められるようになり、責任も重くなるということや、投資するためのお金がもっと必要になることも予測できたはずなんだ」

「要するに、すべてとはいわないまでも、きみはもっと多くのことを知っておくべきだったんだ。サラ、これが経営者の仕事だよ。きみがこの仕事をやらなきゃ、ほかには誰もやってくれない。つまり、経営者の仕事は、自分自身と自分の事業が成長するための準備をすることなんだ。事業が大きくなれば、それを支えるためにもっと強い仕組みをつくることを勉強しなきゃならない。とても責任が重いように聞こえるけれど、成功するにはこれ以外に方法がないんだ」

「具体的にいえば、いちばん効率的な仕事の進め方や、ライバルと差をつける方法や、会社としての目標も考えなきゃならない。ほかにも、どれくらいのスピードで売り上げを伸ばすのかも考えなきゃならない。こんな問題を考えるのは、きみしかいないんだよ。とても難しく思えるかもしれないけど、一つずつ、自分に問いかけながら解決していけばいいんだ。例えば、どれくらいの投資が必要なのか？　何人で、どんな仕事を、どのようにするのか？　どんな専門的な能力が必要になるのか？　雇った従業員が働くためには、どれくらいのスペースが必要なのか？」

「もしかしたら、ときどきは間違えるかもしれないし、気が変わるかもしれない。たいていはそうなると思うよ。でも、そういう可能性も考えて、いくつかのパターンに分けて計画をつくっておけばいい。最高にうまくいった場合、最悪の場合のようにね」

「将来の構想を練るときに大切なのは、文章としてまとめることなんだ。他の人にもわかるようにはっきりと書きとめていなければ、せっかくの事業計画も存在しないのと同じことになる。とはいっても、これまでに私が接してきた何千人ものスモールビジネスの経営者の中で、ちゃんと文章にまとめられた事業計画をもっている人はほんの一握りだったけどね。多くの人たちの事業計画は、紙にまとめられていないし、何も具体的に決まっていない状態だった」

「サラ、これは覚えておいたほうがいい。どんな計画でも、ないよりはましなんだ。きっちりと文章にまとめられた計画は、必ず実現するものなんだよ。文章にまとめることで、きみの頭と心の中でもやもやとしていた計画に、具体性をもたせることができる。こうやって計画が現実に変わっていくんだ。これが成熟期に入った会社の象徴なんだよ」

「私からすれば、普通の会社は運任せに経営されているように見えるけど、成熟期に入った会社は長期的なビジョンをもっていて、それを中心に経営されている。長期的なビジョンをもっていることこそが、起業家的な経営の方法なんだ。会社がつくられたころから、この考え方で経営されてきたから、成長を続けることができるのさ」

「ちょっと先走りすぎてしまったね。でも、大切なのは、これまでにきみがやってきた方法とは全然違うやり方があるということなんだ。つまり、職人タイプの経営者の大半が選ぶのとは全く違う方法で事業を始めることができるんだよ」

ここまで聞いていたサラの目は輝きはじめていた。

「あなたの考え方には勇気づけられるわ。将来が真っ暗に思えていたけど、また光が差し込んできたみたい」

しかし、彼女が事業計画を練り直そうと思っても、すぐに難問が立ちふさがってしまったようだった。「でも、エリザベスをどうすればよかったのかしら？」

「エリザベスをどうすればよいのか？」これは職人タイプの経営者の誰もが聞きたがる質問である。彼らは、特定の人物がストレスの原因になっていて、その問題さえ解決すれば、他のすべての問題も氷解するように思っている。そして、どうやらこの難問を簡単に解決する魔法のカギがあるとでも思っているらしいのである。

残念ながら、私は天才ではないが、魔法のカギがどこにもないことぐらいは知っている。ほんの不注意から、他の人の感情を傷つけてしまうなんてことはよくあることだ。誰もが、こうすればよかった、と後悔する。これは避けられないことなのだ。

私はサラの目を見て、静かに言った。「サラ、本当の質問は、エリザベスに何をするべきかではなく、将来のエリザベスたちに何をするべきか、ということなんだ。きみはできるだけのことをやった。エリザベスもそうだよ。きみが考えるべきなのは、これからいっしょに働くことになる将来の従業員のための仕組みをつくることなんだ。きみのお店に活気を取り戻すのは将来のエリザベスだからね。もう一度やり直す心の準備はできているかい？」

サラは笑顔を見せた。彼女の目は確信に満ちて輝いていた。

「私はいつでもいいわよ」

「じゃあ成熟期について少し話そうか。なぜなら、そこにきみの未来があるんだ」

6　成熟期——商品よりも重要な起業家の視点

成熟期は、企業の成長における第三段階にあたる。このレベルにある会社の例としては、マクドナルド、フェデラルエクスプレス、ウォルト・ディズニーなどの優良企業があげられる。しかし、これらの企業は、幼年期や青年期を無事に通り過ぎたからといって、成熟期に到達したわけではない。ましてや歴史がある会社だから成熟企業と呼んでいるわけでもない。

ここにあげたような企業では、スモールビジネスのころから成熟期の企業のような方法で経営されていた。つまり、成熟企業の創業者は、事業に対して普通とは全く異なる視点をもっていたのである。

とはいっても、成熟期の企業のような視点で立ち上げられた会社も、幼年期と青年期を通り抜けなければならない。しかし、彼らは全く違う方法で通り抜けようとする。これこそが、起業家の視点なのである。

ＩＢＭを成功させたトム・ワトソンの視点

ＩＢＭの創業者であるトム・ワトソンは、ＩＢＭを成功させた理由について聞かれたとき、次のように答えたといわれている。

ＩＢＭが今日の姿に成長したのには、三つの特別な理由があります。最初の理由は、事業を立ち上げてまもないころから、はっきりと会社の将来像を描いていたことです。言い換えれば、私の夢やビジョンが実現したときに、会社がどんな姿になっているのかを想像する能力をもっていたということでしょう。

二番目の理由は、会社の将来像を決めた後に、そのような会社ならどんな行動をするべきだろうか？　と自分に問いかけてみたことです。これを繰り返すことで、私は成長を遂げた後のＩＢＭがどのような企業活動をしているのかについて、明確なイメージをつくりあげていきました。

そして、三番目の理由は、私がＩＢＭを立ち上げてまもないころから、優良企業の経営者と同じくらいの厳しい基準をもって経営しようと心がけたことです。なぜなら、平凡な会社が突然、優良企業に変身することはできません。優良企業になるためには、会社を立ち上げたときから、優良企業のようなしっかりとした経営をしなければならないのです。

ＩＢＭでは創業当初から、将来のＩＢＭ像という青写真がありました。そして毎日毎日、その将来像に近づけるような努力を重ねてきたのです。毎日、仕事が終わったときには、その作業がどれくらい進んだのかを確認していました。そして現在の姿と現在あるべき姿にギャップがある場合には、そのギャップを埋める仕事が翌日の課題となったのです。

私はＩＢＭで商売をしていたのではありません。事業を成長させることに精力を注いでいたのです。ＩＢＭでは事業を経営していたのではなく、事業を創り出していたのです。

大先輩であるトム・ワトソンがＩＢＭの成功について語ってから、すでに三十年以上がたつ。私にワトソンの話を聞かせてくれた人は、彼の言葉をひとつひとつ暗記していたわけではないだろう。それにもかかわらず、彼の話は示唆に富んでおり、優良企業が優良企業である理由、そして景気が悪くなると平凡な企業が生き残れなくなる理由を知るヒントになる。また、本当に優れた企業は、優れたビジネスモデルに基づいてつくられてきたこともわかる。

重要なのは商品やサービス自体ではなく、起業家の視点をもって経営することであり、優れたビジネスモデルをつくることなのである。

トム・ワトソンは、起業そのものに情熱をもっていたといわれているが、残念なことに事業を起こす人の大半はそうではない。彼らの大半は収益の上がるビジネスモデルをもたないまま、ただ毎日、仕事をこなしているだけなのである。

起業家の視点と職人の視点との違い

・起業家は「事業が成功するにはどうするべきか?」を考え、職人は「何の仕事をするべきか?」を考えている。

・起業家にとって、会社とは顧客に価値を提供する場所である。その結果、利益がもたらされる。職人にとって、会社とは自己満足のために好きな仕事をする場所である。その結果として、収入がもたらされる。

・起業家は、最初に会社の将来像を確立したうえで、それに近づくために、現状を変えようとする。一方で職人は、不確実な将来に不安を抱きながらも、現状が維持されることをただ願うばかりである。

・起業家は、まず事業の全体像を考えてから、それを構成する部品を考える。しかし、職人は、事業を構成する部品を考えることから始まり、最後に全体像がつくられる。

・起業家は全体を見渡すような視点をもっているが、職人の視点は細部にこだわりがちである。

・起業家は自分の描く将来像から逆算して現在の自分の姿を決めるが、職人は現在の自分を基準に将来の自分の姿を決めてしまう。

優れた事業をつくるには、起業家の視点が必要であり、それが職人の視点とは正反対であることがおわかりいただけただろうか。起業家の視点では、事業とはさまざまな部品が組み合わされたネットワークだと考える。部品が集まったグループが自律的に収益を上げる。事業とはこのように組織化されたものなのである。

そして、事業が成長する様子を、きっちりと測ることができなければならない。量として測ることが無理でも、質として測らなければならない。

また、事業には基本となる理念も必要だ。その理念にしたがえば、今日どんな仕事をやるべきなのかがはっきりするだろう。そのため事業は、誰にでもわかるような明文化されたルールにしたがって運営されなければならない。

一方で職人タイプの経営者は、長期的な展望をもたないまま、目の前の仕事ばかりに気をとられがちである。このタイプの会社では、ある仕事が終わったからといって、次の段階に進めるわけではない。同じような仕事を何度も繰り返すだけなのである。あたかも目の前の仕事をこなすことだけが目的となってしまい、長期的な目標をもっていたことなど忘れてしまうのである。

事業の将来像を描く、起業家の視点とは

職人には見えないような遠い将来を、起業家はどうして見ることができるのだろうか？

起業家の視点についてもう少しくわしく見てみよう。

起業家は、特定の顧客層がもっているニーズを敏感に感じ取り、斬新な方法で満たそう

とする。

起業家は、事業を商品だと見なしている。つまり、自分の会社は競合商品と一緒の棚に並べられているので、隣の商品よりも顧客の目を引きつけなければならない。

起業家にとって大切なことは、その事業で何を提供するか（What）ではなく、どのようにして提供するか（How）である。商品よりも、それを提供する方法が重要なのだ。

起業家がビジネスモデルをつくる際には、十分な調査を行い、ビジネスチャンスを探そうとする。そして、そのチャンスが見つかれば、顧客が抱えている不満を解決するような方法を考える。その方法は具体的なものでなければならないし、顧客の立場から考えなければならない。

「顧客は私の事業をどう思っているのだろうか？　私の事業は競争相手と比べて、どれくらい差別化できているのだろうか？」という問題意識を起業家は常にもっている。

このようにして起業家の視点は、まず顧客像を明らかにするところからスタートする。**はっきりとした顧客像をもたないかぎりは、どんな事業でも成功しないのである。**

反対に職人は、自分にできることを決めたうえで、その売り方を考える。結果として、誰にどのようにして売るのかという問題は深く考えられないままになってしまう。こんな事業は、顧客を満足させるためではなく、職人の自己満足のために存在するようなものである。

起業家にとっては、事業そのものが商品である。

職人にとっては、商品とは顧客に手渡すものである。

起業家にとっては、顧客は常にチャンスである。なぜなら、顧客のニーズはたえず変化し続けることを知っているからである。そのために起業家は、顧客が現在や将来に欲しがるものを探し続けなければならない。

職人にとっては、顧客は常に面倒な存在である。なぜなら、職人がせっかく商品を提供しても、欲しがらないように見えるからである。

起業家にとっては、事業とは宝探しのようなもので、毎日が驚きの連続である。

しかし職人にとっては、やりたいことができない場所になってしまう。そればかりか、自分の努力が褒められたり、仕事が評価されたりすることはめったにない。職人から見れば、社会は自分がつくれないものばかりを欲しがっているように見えるのである。

ここまで読んだあなたは、「職人タイプの経営者にも、起業家の視点はもてないのか？」と思っていないだろうか？　残念なことに、その答えはノーである。職人は顧客のニーズなどに興味をもたないだろうし、ほかにもやるべき仕事は多いのである。

しかし、違う方法もある。それは、私たちの内側で十分に開発されてこなかった起業家の人格に「ある情報」を与えることである。そうすることで、職人にも「手ごろなサイズ」を超えて成功する事業の将来像を描けるようになるのである。そして「ある情報」こそが、あとで紹介する「事業発展プログラム」なのである。これがきっかけとなり、私たちの中にある起業家の人格——私たちの革新的な一面——を刺激して、職人の人格という足かせから解放してくれるのだ。

そのために、すぐにでも私たちの中にある起業家の人格に刺激を与えなければならない。職人の人格が目を覚ます前に、起業家の人格が事業を軌道に乗せてしまうのだ。

先の話になるが、もし起業家の人格が目覚めて、起業家の視点をもちはじめたら、マネジャーと職人にもそれぞれの役割が必要になる。なぜなら、起業家が走りはじめれば、マネジャーは走り続けるための燃料があるかを確認しなければならないし、職人は大好きなボルトとナットを手に修理の仕事に走り回ることになるからだ。

要するに、成功する事業には、起業家とマネジャーと職人のそれぞれに持ち場があり、それぞれの強みが発揮できるような、バランスのとれたものなのだ。

そのようなビジネスモデルを見つけるために、ある画期的な出来事が参考になる。私はこれを「事業のパッケージ化」と呼んでいる。これを境にして、米国のスモールビジネスは、驚くような変化を遂げたのである。

サラがお店を開く時間になった。そして私たちはまだたくさん仕事があった。

「今晩また来るよ」私は言った。「何か言いたいことはある？」

「ええ」サラは笑った。「早く話の続きが聞きたいわ」

PART Ⅱ
成功へのカギ

7　フランチャイズに学ぶ「事業のパッケージ化」という考え方

読者の皆さんにとって「事業のパッケージ化」とは、初めて聞く言葉かもしれない。しかし、この考え方は、米国のスモールビジネスに大きな影響を与えてきた。

「事業のパッケージ化」をひとことで言えば、収益を生み出す事業を定型化して、パッケージにしてしまおう、ということだ。このパッケージさえ上手に活用すれば、倒産寸前のスモールビジネスが息を吹き返すばかりでなく、成長さえ始めるようになる。さらに都合のよいことに「事業のパッケージ化」は、会社の大きさに関係なく威力を発揮するという性質をもっている。

これは私の考えだが、このアイデアの生みの親はマクドナルドであり、マクドナルドがあれだけの成功を収めたのは、この戦略のおかげだと思っている。ここでは、マクドナルドの育ての親であるレイ・クロックとサラを比べながら、「事業のパッケージ化」について考えてみよう。

ハンバーガーショップで見た奇跡の光景

一九五二年、五十二歳の男がカリフォルニア州のあるハンバーガーショップを訪れた。彼はミルクシェイクをつくる機械のセールスマンだった。機械を売り込もうと足を踏み入れた店で、彼は奇跡のような光景を目にすることになる。

この店こそが、マクドナルド兄弟が経営するハンバーガーショップであり、五十二歳のセールスマンが後にマクドナルドの育ての親となったレイ・クロックだった。それでは、彼の目に奇跡のように映った光景とはどんなものだったのだろうか？

マクドナルド兄弟の店では、とても効率的かつ品質のばらつきが少ない方法でハンバーガーがつくられていた。レイ・クロックは仕事柄、ハンバーガー店に出入りすることが多かったが、彼でさえ見たことがないような方法で仕事が進められていた。特に彼が感心したのは、誰でもハンバーガーがつくれるような仕組みが整っていることだった。

経営者が監督するもとで、アルバイトの高校生たちがてきぱきと働き、店の前で長蛇の列をつくる客にも行き届いた対応をしていた。これほどスムーズに運営されているハンバーガーショップを見たのは初めてだった。

レイ・クロックはこう思った。「マクドナルド兄弟がつくりあげたのはハンバーガーショップではない、お金を生み出す機械だ！」

レイ・クロックは、すぐにマクドナルド兄弟のもとを訪れ、独占的にフランチャイズを展開する権利を認めてほしい、と熱心に説得した。そして、ようやく十二年後にその権利を手に入れ、世界最大のファーストフードチェーンを築き上げたのである。

世界で最も成功を収めたスモールビジネス

マクドナルドは自社のことを「世界で最も成功を収めたスモールビジネス」と呼んでいる。創業から四十年もたたないうちに、マクドナルドは世界中に二万八千を超える店舗網をもち、年間四百億ドルを売り上げる巨大な事業へと成長した。毎日、百二十カ国の四千三百万人に対して食事を提供し、全米のレストランの売上高の一〇％以上を占めている。平均的な店舗の年商は二百万ドルで、他の小売業と比べても利益率は高く、税引き前の純利益は平均一七％である。このような数字を見れば、マクドナルドの成功は明らかだろう。

しかしレイ・クロックの功績は、巨大なハンバーガーチェーンを築いただけではない。

事業をパッケージにするという発想は、他の起業家に対しても大きな影響を与えた。多くの起業家がこの考えを取り入れ、さまざまな分野で事業を立ち上げたことで、フランチャイズビジネス全体が大きく成長したのである。

それでは、彼が導入した「事業のパッケージ化」という考え方について、もっと詳しく見てみよう。

発想の転換

フランチャイズという制度は、百年以上も昔から存在していた。有名な商品を一定のエリア内で取り扱う権利を売買するという仕組みは、広大な米国市場で流通コストを抑えながら販売するのにすぐれた方法で、コカ・コーラやゼネラル・モーターズなど多くの会社が採用していた。

しかしレイ・クロックは発想を転換し、フランチャイズの対象を商標に限定せず、事業を行うために必要な仕組み全体を販売したのである。後で述べるが、この違いにこそ「事業のパッケージ化」の本当の意義があるのだ。

これがきっかけとなり、フランチャイズビジネス全体が急速な成長を遂げ、二〇〇〇年時点の売上高は年間一兆ドルにのぼり国内総生産の一〇％以上を占めるようになった。そして八百万人の従業員とパートタイマーの雇用を生み出し、アルバイトをする高校生たちにとっての最大の雇い主となった。

レイ・クロック以前のフランチャイズも、レイ・クロック以降のフランチャイズも、一見すれば似たようなアイデアに思えるかもしれないが、根底にある考えは正反対といってもよいほど異なったものである。

事業を立ち上げる人の多くは、事業の成功は取り扱う商品の良し悪しにかかっていると考えがちだ。そのため、レイ・クロック以前の時代には、キャデラックやメルセデスやコカ・コーラなどのブランドの価値が、フランチャイズ契約の価格を決めていた。

たしかに、このような考えが正しい時代もあった。しかし時代は変わり、今やブランドが氾濫《はんらん》する時代となった。ブランドが確固たる地位を築いて維持することは、とても難しくなってきている。結果として、フランチャイズビジネス全体が成長する一方で、このような商標だけのフランチャイズ契約は減少している。

レイ・クロックは、「何を売るか」ではなく、「どのように売るか」に注目した。つまり、売るための仕組みにこそ価値があると考えたのである。マクドナルド兄弟の店でレイ・クロックが理解したことは、ハンバーガーが彼らの商品ではないということだった。マクドナルドという店自体が彼らの商品だった。つまり、事業の本当の商品とは事業そのものなのだ。この発想の転換が「事業のパッケージ化」の原点になった。

「商品」の代わりに「事業」を売る

レイ・クロックは豊かな経験と大きな夢をもつ起業家だった。しかし、十分な資金に恵まれていないということでは、他の起業家と同じだった。そんな彼が夢を実現するために、フランチャイズビジネスは最適な方法だった。なぜなら、彼はフランチャイジー（フランチャイズへの加盟店）をよき協力者として味方につけることができたからだ。

つまり、彼にとっていちばん大切な顧客とは、消費者ではなくフランチャイジーだった。そして、彼は事業という商品をフランチャイジーに提供したのである。お金を払ってでも事業を始めたいフランチャイジーにとって大切なことは、その事業が利益を生み出すのかということだった。彼らが興味をもったのは、ハンバーガーでもフライドポテトでもミルクシェイクでもなく、事業そのものだったからである。

レイ・クロックにとって、ライバルは他のハンバーガーチェーンだけではなかった。フランチャイジーが事業を始めようとするときに、候補に考えるのはハンバーガー店だけではない。すべての事業が彼にとって競争相手となった。その中で選ばれるためには、最高の収益性を実現しなければならない。高い収益が期待できれば、フランチャイジーは、レイ・クロックのよきパートナーとなってくれるのである。

しかし、レイ・クロックが超えるべきハードルは、収益性の高さだけではなかった。収益を確保すると同時に、事業が失敗するリスクを最小限に抑えることも必要である。スモールビジネスの四〇%が立ち上げから一年以内の廃業を余儀なくされているという事実を考えれば、事業が失敗しないことも大切な要素になる。このことに気づいたレイ・クロックは、誰が始めても失敗しないような事業モデルをつくることにも精力を注いだ。

努力の甲斐あって、彼は個人の能力に頼らなくても、収益を生み出すような店をつくりあげた。言い換えれば、他の人に任せても店がうまく機能するということである。彼がこの世を去ってからも、マクドナルドが成長を続けたという事実は、この試みが成功した何よりの裏づけになるだろう。

レイ・クロックは自分の仕事を、大量生産する前の商品モデルを開発するエンジニアのように考えていた。彼が開発するマクドナルドという商品は、世界中のどこで、どんなフランチャイジーが手がけても利益を生み出すことが必要だった。そのために、彼は業務改革という言葉が広まる前から、徹底的な業務改革を行ってきた。マクドナルドという商品が大量生産に成功したのはこのような努力の積み重ねがあったからなのである。以降、フランチャイズの対象は商品だけでなく、売るための仕組み全体へと変わっていった。この現象こそが「事業のパッケージ化」なのである。そして優れた事業のパッケージを開発した起業家が、次々と成功を収めることになる。

この本のテーマは、スモールビジネスを成功に導くことであって、フランチャイズビジネスを分析することではない。またフランチャイズビジネスを勧めているわけでもない。しかし、私はスモールビジネスを成功に導くヒントが、「事業のパッケージ化」の中に隠されていると考えている。

「期待を裏切らないこと」＝「誠実さ」というモノサシ

私の話を聞いて、どうやらサラの心の中に何か変化が起きたようだった。しかし、納得している様子でもなかった。

「あなたは成功した会社の例としてマクドナルドのことを話してくれたけど、私にはよくわからないわ。マクドナルドって、本当によい会社なのかしら？　私のおばさんにその話をしても、きっと私と同じことを言うはずよ」

どうやら、マクドナルドの例を出したおかげで、なんとかサラの興味を引くことができたようだった。私は続けた。

「今までにも、いろいろな人にマクドナルドの話をしてきたけど、ほとんどの人がファーストフードと聞いたとたん、味が悪いと文句を言いはじめるんだ。きみのおばさんだったら、牛肉は体によくないって言うかもしれないし、ハンバーガーはもっと脂肪分を減らしたほうがいい、って言うかもしれない」

「でも、こう考えてほしいんだ。どんな店であっても、お客さんは何かの期待をもって店に入る。すぐに食べ物が出てくることを期待している場合もあるだろうし、友達と話し合うための静かな空間を期待している場合もあると思う。でも、それが期待はずれに終わってしまうことが結構あるんじゃないかな？　期待を裏切られたお客さんは、がっかりして二度とその店に行こうとは思わない」

「同じように世界中のマクドナルドにも、毎日たくさんのお客さんがやってくる。でも、そういう人たちの期待を、マクドナルドが裏切ったことはないんじゃないかな？　マクドナルドなら、必ず期待通りのサービスを受けることができる。これは一つの店だけでも徹底するのが難しいことなのに、マクドナルドは世界中の店で徹底していると思わないかい？『期待を裏切らないこと』、これを言い換えて『誠実さ』と言ってもいい。事業の成功を測るモノサシが『誠実さ』だとすれば、マクドナルドこそが、最高のビジネスだと思うんだ」

どうやらサラは、マクドナルドと自分の店をどのように結び付けて考えてよいのか、戸惑っているようだった。

「マクドナルド兄弟の店に行くまでは、レイ・クロックもわれわれと同じ世界に住んでいる人間だった。きみも痛感してきたと思うけど、ほとんどのことが思い通りにはいかない世界、とでも言えばいいのかな？　でも、彼はついに、すべてが思い通りに進むような世界をマクドナルド兄弟の店で見つけたんだよ。それ以来、彼はマクドナルドにほれ込んでしまったんだ。ちょうど、きみがおばさんから教わったパイづくりにほれ込んでしまったようにね」

「その後は、レイ・クロックもきみも、そっくり同じようなことをやったんだよ。きみは最高においしいパイをつくろうと頑張ったし、レイ・クロックは最高に収益の上がる仕組みをつくろうとした。違いといえば、パイをつくるのか、仕組みをつくるのか、それだけなんだ。でもその違いが原因で、世界的なチェーンとこのお店との差ができてしまったんだよ」

サラは、どうやらお店の厳しい財務状況を思い出してしまったらしく、また暗い表情に戻っていた。私は続けた。

「でも、がっかりすることはないさ。彼にもフライドポテトのつくり方に熱中した時期もあった。だから、彼がつくりあげた最高に収益の上がる仕組みをこれから勉強してみればいいんだよ」

8 「事業」の試作モデルをつくる

商品だけでなく、売るための仕組み全体を販売するフランチャイズが成功したことは、ビジネスの世界で大きなニュースとなった。創業後一年以内に、普通の会社の四〇％が廃業しているのとは対照的に、フランチャイズの九五％が成功を収めた。そして最初の五年間で普通の会社の八〇％が廃業しているのに対して、フランチャイズの七五％が成功を収めているのである！

成功率が高い秘訣とは

フランチャイズビジネスがこれほどまでに成功を収めた秘訣は、商品を販売する前に試作モデルをつくるように、事業にも試作モデルをつくるという考え方を取り入れたからである。試作モデルをつくる中で、起業家のアイデアが練り上げられて、事業が成功する確率が高められるのである。また試作モデルは、起業家のアイデアがどのくらい有効なのかを、机上の空論ではなく、現実世界でテストする場所でもある。そして実際にうまく機能することが証明されれば完成である。

「顧客が望むものを提供しながら、どのようにして収益を確保するのか？」このお決まりの質問に対する答えが試作モデルなのである。

マクドナルドではモデル店舗を使って、あらゆる問題への対処方法が検討された。そして、個人の能力に依存しなくてもすべてがうまくいくような仕組みがつくられたのである。

・フライドポテトはべとつかないように、保温器に七分以上置かないこと。べとついているものは、マクドナルドのフライドポテトではない。
・ハンバーガーの湿度を適切に保つために、保温トレイで十分以上経過したものは廃棄すること。
・冷凍されたハンバーグを焼くときには、決められた時間にひっくり返すこと。
・ピクルスがお客さまの膝に落ちないように、決められたところに置くこと。
・食事は六十秒以内にお客さまに出すこと。
・清潔さを保つために、細部にまで注意を払うこと。

・ルールを守ること、作業内容を標準化すること、整理整頓をすることがマクドナルドのモットーである。

レイ・クロックは、価格が安いからといって、品質や顧客対応が悪くても許されるはずはないという信念をもっていた。顧客が期待する通りの商品・サービスがいつも提供されるように、これほどまで注意を払ってきた会社はなかったのである。

また彼は、ハンバーガー大学と呼ばれる教育機関をつくり、フランチャイジーが最初からうまく経営できるようなサポートを行った。ここでは、ハンバーガーをつくる方法ではなく、顧客を必ず満足させるシステムを運営する方法を教えている。このような仕組みをつくったことが、マクドナルドが成功を収める基礎となったのである。

マクドナルドは自社を「世界で最も成功を収めたスモールビジネス」と呼んでいるのはもっともなことである。ハンバーガー大学、ピクルスの乗せ方、ハンバーガー用のパンをあらかじめ温めておく方法などレイ・クロックが四十年前につくった決まりごとは、いまだにマクドナルドのシステムの中核として、すべての店で徹底されているのである。

一度システムを学んだら、もう事業を成功させるためのノウハウが詰め込まれたパッケージを手に入れたようなものである。だから、私はこれを事業のパッケージ化と呼んでいるのである。

フランチャイジーはこのシステムを使う権利を与えられ、使い方を勉強し、パッケージの封を開ける。あとはパッケージに詰め込まれたノウハウを活用すればよいのである。フランチャイジーにとって、これほど都合のよい話はない。なぜなら、試作モデルが完全なものに仕上がっていれば、あらゆる問題はすでに解決済みとなっているはずだからだ。フランチャイジーがするべきことは、このシステムを管理する方法を学ぶだけとなる。

事業の試作モデルで、自分の夢を形にする

起業家にとって事業の試作モデルは、自分の夢を形にする手段である。マネジャーにとってはルールが決まり、計画や管理がしやすくなる。そして職人にとっては、自分が得意な分野の仕事に打ち込むことが可能になる。事業の試作モデルがあることで、スモールビジネスのオーナーは三つの人格のバランスをとりながら、事業をつくりあげることができるのである。

そう、もうおわかりだろう。この事業の試作モデルこそが、あなたの探しているものなのだ。成功しているフランチャイズ企業の試作モデルはバランスがとれているので、あな

たの中にいる起業家、マネジャー、職人を一度に満足させることができるのである。

そして、それはどこにでもあるものなのだ。マクドナルドにも、フェデラルエクスプレスにも、ウォルト・ディズニーにもある。サンドイッチのサブウェイにも、ドミノ・ピザにも、ケンタッキー・フライド・チキンにも、ユニバーサル・スタジオにもある。事業の試作モデルは、あなたの周りにあって、あなたが見つけてくれるのを待っているのである。

また、たとえフランチャイズの形をとっていなくても、あなたの周りで成功している会社は、独自に完成度の高い運営システムをもっているはずである。こう考えれば、成功している事業のほとんどは、フランチャイズ展開しても成功する可能性をもっているといえるだろう。なぜなら、彼らがもっている独自の運営システムは、他の場所でも成功する可能性が高いからである。

そこであなたは疑問をもつことになる。

どうやって自分の事業の試作モデルをつくるのか？

どうやってそれを成功させるのか？

どうやってマクドナルドのように、簡単かつ安定的に利益を上げる事業をつくるのか？

どうやって他人に任せても、うまくいくような仕組みをつくるのか？

最後の疑問が特に重要なのがおわかりいただけるだろうか？　なぜなら、他人に任せることができないかぎり、あなたは自分が始めた事業の奴隷になってしまうからである。逆にいえば、これを解決するようなアイデアさえ思いつけば、あなたにも自由と成功への道が開けることになる。

サラは、私の言いたかったことを理解してくれたようだった。そして事業の試作モデルをつくり出そうという起業家的な意欲がわき出してきたようだった。

彼女にはもうわかっていた。彼女の事業にも、レイ・クロックの方法は応用できる。あとはその方法を学ぶだけだ！

9　自分がいなくてもうまくいく仕組み

あなたの事業は、あなたの人生ではない

この章で私の伝えたい最大のメッセージが「あなたの事業は、あなたの人生ではない」ということである。このことさえ理解してくれれば、あなたの事業も人生もガラリと変わることになる。本来なら、あなたの事業と人生は、全く別物なのである。

事業とは、それ自身が目的とルールをもっている独立した生き物のようなものであって、決してあなたの一部ではない。そして生き物である以上は、生命力の強さ――顧客を見つけ出し、顧客との関係を維持する能力の強さ――によって、寿命が決まるのである。

あなたの人生の目的は、事業という生き物に奉仕することではない。反対に、事業という生き物は、あなたの人生に奉仕するはずである。つまり、自分のためにお金を生み出してくれたり、人生の目標のために役立ってくれたりするような事業をつくらなければなら

ない。それをつくるうえで、事業の試作モデルという考え方が役に立ってくるのである。

次のように考えてほしい。あなたが今行っている事業――またはこれから始めようとする事業――こそが、あなたの試作モデルとなる。そして、マクドナルドが全世界に展開しているように、それと全く同じものを全国五千カ所で展開してみたらどうだろうか?

言い換えれば、フランチャイズビジネスの真似をしてほしいのである（私は**真似**をするようにと言っているだけである。フランチャイズを始めるべきだとは言っていない。もちろん、それを始めたいのであれば、始めてもらっても構わないが）。

事業の試作モデルに必要な六つのルール

五千カ所で展開するために、事業の試作モデルでは、次のようなルールを守らなければならない。

1　顧客、従業員、取引先、金融機関に対して、いつも期待以上の価値を提供する。
2　必要最低限の能力でもうまく経営できる。
3　秩序だてて組織が運営される。
4　従業員の仕事内容はすべてマニュアルに記載されている。

5　顧客に対して安定した商品・サービスが提供される。
6　建物や設備、制服についてのルールが定められている。

それでは、それぞれのルールについて見てみよう。

1　顧客、従業員、取引先、金融機関に対して、いつも期待以上の価値を提供する

そもそも価値とは何だろうか？　価値とは個人によって違うものではないだろうか？　また、顧客、従業員、取引先、金融機関に対して、期待以上の価値を与えるにはどうしたらよいのだろうか？

起業家はこの疑問に答えなければならない。なぜなら、周囲に対して価値を提供することが、あなたの事業の存在理由なのだ！

ある事業が成功を収めているなら、それは提供するべき**価値**とは何なのかをきっちりと理解しているからである。

価値とは、店のドアを出るときに顧客がつぶやく言葉かもしれない。

価値とは、顧客のもとに突然届けられるプレゼントかもしれない。

価値とは、仕事を覚えた新入社員に対しての褒め言葉かもしれない。

価値とは、適切な価格設定かもしれない。

価値とは、説明を聞きたがっている顧客に、熱心に説明しようとする店員の姿勢かもしれない。

価値とは、取引先の銀行員の誠実な態度に対する簡単な感謝の言葉かもしれない。

価値とは、事業にとっても、そしてあなたが事業から満足感を得るためにも、必要不可欠なものである。

2 必要最低限の能力でもうまく経営できる

そう、私は**必要最低限**の能力と書いた。なぜなら、高い能力をもった人しか働けないのなら、五千カ所で同じような事業を展開しようとしても不可能だからである。数少ない能力の高い人を雇おうとしても、人件費がかさみ、商品やサービスの値上げにつながってしまう。

必要最低限という言葉の意味は、割り当てられた仕事をこなすのに必要な最低限のレベルということである。だから、法律事務所を経営しているのなら、弁護士を雇わなければならない。病院を経営しているのなら、医師を雇わなければならない。しかし彼らは必ずしも、優秀な弁護士や医師である必要はない。普通の弁護士や医師が、最高の結果を出すような仕組みをつくればよいのである。

そこで、経営者は次の質問に答えなければならない。

どうすれば個人の能力に頼らなくても、顧客の期待を満たすことができるだろうか？

これは言い換えれば、どうすれば**人ではなくシステム**に依存した事業をつくることができるのか？　ということである。**専門家**依存型ではなく**システム**依存型の事業である。専門家を雇うことなく、どうすればシステムの中にその能力や経験を組み込むことができるのだろうか？

私は人が重要ではないと言うつもりはない。それどころか、システムに生命を吹き込むのは人である。システムの重要性を理解している人たち——あなたの従業員はみんなそうでなければならない——は、システムを改良することで、事業全体を改革するのである。

よくいわれることだが、偉大な事業とは、非凡な人々によってつくられたものではない。平凡な人が非凡な結果を出すからこそ、偉大なのである。

しかし、平凡な人が非凡な結果を出すためには、本当に必要な能力と、実際の従業員の能力との間のギャップを埋めなければならない。その役割を果たすのがシステムなのである。

ここでいうシステムとは、生産性を高めるために従業員が使う道具であり、それは競合相手と差別化するための道具でもある。あなたの仕事は、このような道具をつくり、従業員に使い方を教えることである。従業員の仕事は、道具を使って仕事を進めながら、さらに改善する方法を見つけることである。

たいていのスモールビジネスの経営者は、能力の高い従業員がお気に入りである。なぜなら、そういう人には仕事を任せられるので、自分の仕事が楽になると思い込んでいるからである。つまり、彼らは経営を委任しているのではなく、放棄しているのである。こんな会社の業績は、お気に入りの従業員の気分しだいで変わってしまう。もし彼らの気分が乗っていれば仕事は進むが、そうでなければ仕事は進まない。従業員のやる気を起こすには、彼らのご機嫌をとるしか方法はない。

非凡な従業員に依存した事業では、長期的に安定した結果を出し続けることは不可能になる。非凡な事業のオーナーなら、こんな方法はとらないだろう。

彼らは非凡な従業員がいないことを前提にして、平凡な従業員がいつも非凡な結果を出せるようなシステムをつくろうとしている。これは大会社でさえ悩んでいるような、とても難しい課題である。しかし、あなたはまず最初に、この課題を解決するようなシステムをつくらなければならない。これが事業を成功へと導く基礎になるのである。

3　秩序だてて組織が運営される

このルールの前提となっているのは、多数の人は秩序を求めているということだ。

アルビン・トフラーは、画期的な著書『第三の波』の中で、次のように書いている。「現代社会を分析しようと試みる人々の多くは、そこに混沌を見出すだけである。そのために分析の試みが無意味なものだと感じたり、無力感にさいなまれるようになる」彼はこう続けている。「人々は、人生に見通しを必要としている。見通しのきかない人生は、行き先の決まらない難破船のようなものである。見通しの不在は崩壊へとつながる。見通しは、私たちが必要としている相対的な基準を示してくれるものなのだ」

この「相対的な基準」こそが、組織に秩序を与えるために必要なものである。

秩序ある組織では、経営者も従業員も何をするべきなのかを知っている。

秩序ある組織では、顧客に対しては「私たちのサービスを信頼してください」と、従業員に対しては「会社の将来は明るいものですよ」と言うことができる。

秩序ある組織では、全体がきっちりと整理されているのである。

4　従業員の仕事内容はすべてマニュアルに記載されている

私は、従業員は相対的な基準を必要としていると書いた。「この場合はこうしなさい」という文書は、その基準となるものであり、最も効率よく、最も効果の高い仕事の進め方が書かれている。新人もベテランもこのマニュアルに従うことになる。

ここでまたトフラーを引用しよう。「……多くの人々にとって仕事というものは、給与をもらうこと以上に、心理的な重要性を持つものである。時間と労力への対価を明確にすることで、仕事以外の生活も安定する」

ここでは、「**明確に**」がキーワードになる。個別の業務について、仕事の目的、作業の手順、その結果を評価する方法が明確に書かれていなければならない。マニュアルとは、これが積み重ねられたものなのである。

マニュアルなしには、事業の試作モデルを試作モデルと呼ぶことはできない。

5　顧客に対して安定した商品・サービスが提供される

秩序ある事業では、いつも安定したサービスが提供されなければならない。

私の最近の経験が、この重要さを理解するのによい例となるだろう。

ある床屋に行ったときのことだ。その店は初めてだったが、理容師は最高のカットをしてくれた。彼ははさみを使うのがうまく、バリカンなどを使わずにカットしてくれた。また彼は、髪を切る前にシャンプーをしたほうが、カットしやすいことも説明してくれた。おまけにカットの最中には、見習いの若者がコーヒーを持ってきてくれ、お代わりも頼めた。私はこの店のサービスがとても気に入ったので、次回も来る約束をして店を出た。

しかし、次に行ったときにはすべてが違っていた。カットのうちだいたい半分はバリカンを使っていた。そして「シャンプーをしましょうか?」と聞くことさえなかった。見習いの若者はコーヒーを持ってきたが、私が飲み干してもお代わりまでは持ってきてくれなかった。しかし、カットの仕上がりは満足できるものだった。

数週間後、私は三回目の予約をした。今度はシャンプーをしてくれたのだが、それはカットした後だった。今度はバリカンを使わなかったが、最初の二回とは違ってコーヒーは出してもらえなかった。最初は見習いの若者が休みなのかと思ったが、すぐに棚の整理に忙しそうにしている姿が目に入ってきた。

店を出た私は、もうあの店には行くまい、と決心をしていた。それはカットのせいではない。理容師はすばらしいカットをしてくれる。理容師が嫌いなわけでもない。彼は愛想もよくて、腕前も十分だ。しかし、もっと大切なことがあるのだ。

それは、**毎回のサービスに一貫性がなかった**ということである。

最初にカットをしてもらったときに、私の中でその店に対する期待が形成された。しかし、続く二回の経験で、その期待は裏切られてしまったのである。私が何を期待していたのかうまく説明できないが、ともかく同じようなサービスを経験したかったのだ。

理容師は絶えず——そして**勝手に**——私へのサービスを変えていた。そして彼は、自分のサービスが、私の気持ちにどんな影響を与えるのかについて、考えている様子もなかった。彼が店を経営しているのはお客のためではなく、**自分のため**だった。それが理由で、私は彼の店に通うことをやめてしまったのである。

私はプロの理容師ならはさみでカットするべきだと思っているし、コーヒーを淹《い》れてもらうのが好きだ。髪を切る前にシャンプーをしてほしいと思っていて、それがうまくヘアカットを仕上げる秘訣だと信じている。この床屋は、一度は私にとても心地よい経験を与えてくれたのに、**それを取り上げてしまった**のである。お客がどんなニーズをもっていても、彼らには関係のないことなのである。

大学時代の心理学の授業で似たような話を聞いたことがある。それは、ある子供が同じ行動をとっているにもかかわらず、怒られたり褒められたりする例であった。こんな親をもった子供は悲惨である。自分に何が期待されていて、どのように行動すればよいのかがわからなくなってしまう。同じように顧客も戸惑いを感じているのである。

子供なら、親とともに暮らすしか選択肢はない。しかし、顧客は他のどこにでも行くことができる。そして、実際にどこかの店に行ってしまう。商品・サービスの質が高いことも大切だが、それ以上にいつも同じ商品・サービスを提供し続けることのほうがずっと重要なのだ。

6　建物や設備、制服についてのルールが定められている

マーケティングの研究によれば、消費者は売り場で目に入ってくる商品の色や形に強い影響を受けることがわかっている。どんな色や形に強く反応するかは消費者によってまちまちであるが、いずれにせよ、会社のロゴや店の内装の色は、あなたの事業の売り上げに

大きな影響を与えている。

色彩研究所の創設者であるルイス・チェスキンは、著書『なぜ人々は買うのか』の中で、色や形のもつ力について述べている。

衣料品店における女性の購買行動の研究をしていたときのことである。若い女性がブラウスを買いたいと思っていたとき、売り場には色違いのブラウスが何種類か並べられていた。彼女は青いブラウスを手に取り、鏡の前で体に合わせてみた。彼女は金髪なので青が似合うことを知っていた。次に、赤いブラウスにも手を伸ばした。彼女はその色が好きだったが、ちょっと派手すぎるかなと思った。そのとき販売員は、今年は黄色が流行《はや》りですよとアドバイスをした。一番似合う色を選ぶべきか、一番好きな色を選ぶべきか、今流行りの色を選ぶべきか、迷いに迷って結局灰色のブラウスを買うことにした。数週間後、私は、灰色のブラウスが気に入っていないという報告を受けた。彼女はそのブラウスを二回しか着なかったとのことだった。

実験に協力してくれた他の女性も、購入までにいろいろな迷いがあったという結果が得られた。似合う色だから、流行色だから、好きな色だから、と理由はさまざまだが、自分の衝動や願望を満たすような色を選んでいた。ブラウスを買うという行為ひとつをとっても、心理学的に複雑な問題を含んでいるのである。

このブラウスの話と同じで、あなたの事業にとっても、よい色もあれば、悪い色もあるのだ。顧客の目に触れる部分の色はすべて、科学的に決定されなければならない。このルールは、壁、床、天井、自動車から、納品書、従業員の服装、ディスプレイ、看板に至るまで徹底されるべきものである。

また、色と同様に、形にもよいものと悪いものがあって、名刺、看板、ロゴ、商品陳列などで重要な役割を果たすことになる。

チェスキンが行ったテストでは、円形のロゴが入った商品は三角形のロゴよりもよく売れ、紋章のロゴの入った商品は円形のロゴよりもよく売れたという。それほど重要とは思えないロゴの選び方一つをとっても、売り上げが増えたり減ったりする。

今までに気にしたことがなかったかもしれないが、看板やロゴ、名刺の書体は、売り上げに大きな影響力をもっているのである。だからこそ、事業の試作モデルをつくる段階では、慎重な検討が行われなければならない。

次に進む前に、今までのおさらいをしておこう。

他の人に任せてもうまくいくような事業をつくろう。

どこでも誰でも、同じ結果が出せるような事業の試作モデルをつくるところから始めよう。

事業とは、あなたとは別の独立した存在だ。それはあなたの努力の成果であり、特定の顧客のニーズを満たす機会であり、あなたの人生をより豊かにする手段である。

事業とは、多くの部品から構成されたシステムであり、ライバルとは明確に差別化されたものであり、顧客の問題を解決するものである。

そして、次の質問を自分自身に問いかけてほしい。

・どうすれば他の人に任せても、事業が成長するだろうか？

・どうすれば自分が現場にいなくても、従業員は働いてくれるだろうか？

・どうすれば事業をシステム化できるだろうか？　システム化された事業では、五千カ所に店を出すとしても、一カ所目と同じことを繰り返すだけで、スムーズに出店できるはずである。

・どうすれば自分の時間を確保しながら、事業を経営できるだろうか？
・どうすればやらなければならない仕事に追われることなく、やりたい仕事に時間をあてることができるだろうか？

この質問にすんなりと答えることができれば、あなたは事業のことで悩んだりはしていないだろう。答えがわからないからこそ、悩みを抱えているのである。

しかし、今やあなたは「知らない」ということを知るようになった。私は、これらの質問に対する答えを、「事業発展プログラム」と名づけて、10章以降で紹介している。このプログラムは、過去に何千ものスモールビジネスで実践し、成功を収めたという裏づけがある。これを実践すれば、あなたの人生を変えることができるのである！

サラは、一瞬考え込んだような様子で私を見て、それから言った。「今聞いたことを、私なりの言葉で言わせてもらっていいかしら？」彼女は椅子に座って腕組みをしたまま話しはじめた。

「あなたの言っていることは、私と事業があまりにも一体化されてしまっているということよね。私に必要なのは、事業と私自身を分けて考えること。まずその方法で考えてみて、次に実践してみることが必要なのよね。これまでの私は、自分さえ頑張れば、事業もうまくいくと信じて働いてきたの」

「私がストレスから解放されて、本当の経営者の仕事に専念するためには、事業と自分自身を切り離して考えるべきなのね。これまでとは全然違う方法で、事業のことを考えなきゃならない。今まではおいしいパイをつくる方法ばかりを考えていたんだけど、これからは利益が上がるお店をつくる方法も考えなきゃね。これがお店や事業全体を商品として考えるってことなのね。でも、お店や事業を商品として考えた場合に、お客さんだけでなく、従業員にとっても魅力的なものにするにはどうすればいいのかしら？」

「こういう質問を考えるようになったんだから、今までとは全く違う方法で事業に取り組んでいる証拠よね！」

サラはここで、最後の言葉をかみしめるかのように、一呼吸置いた。

「ねえ、正直いえば、ついさっきまで、お店や事業の仕組みなんて考えたことがなかったのよ。パイを焼いてさえいれば、他のことを考える必要なんてないと思っていたの。でも今は新しいチャンスに出会ったみたいで、わくわくしているわ」

サラは椅子にもたれかかった姿勢で続けた。

「あなたの言う『事業の試作モデル』という考え方は、言い換えてみれば『商品として事業を考える』ということでしょ？　事業は私から切り離されていて、私がいなくても利益を生み出すようになっている。だから、商品のように事業を売ることができるのよね？　商品として魅力的であるためには、いつもお客さんのニーズに応えていて、リピーターを増やさなければならないわ。他の人がお店を経営しても確実に利益が出るところまで、『オール・アバウト・パイ』を企画・設計してつくりあげていく、これが私の仕事なのね」

「たしかにあなたの考えには、目からうろこが落ちるような気がするわ。これまででいちばんやりがいがあって、面白そうな考え方ね！　もうお店はあるんだから、あとはそれを経営する方法を勉強すればいいのだと考えれば、私はラッキーなのかもね」

私は言った。「サラ、全くその通りだよ。じゃあ、いよいよ『事業発展プログラム』の話をしようか。これさえ頭に入れておけば、思っているよりもずっと楽にこれからの仕事を進められると思うよ」

PART Ⅲ

成功するための7つのステップ

10　事業発展プログラムとは何か？

事業発展プログラムとは、事業の試作モデルを完成させるための考え方をまとめたものである。これは、11章以降で紹介する七つのステップから構成されているが、その基本には「イノベーション（革新）」「数値化」「マニュアル化」という三つのルールがある。ここではまず、そのルールから紹介しよう。

ルール①　イノベーション（革新）

「イノベーション」と「創造」を混同する人が多い。しかし、ハーバード大学のセオドア・レビット教授が指摘しているように、両者の差は、実行するかどうかにある。彼は「創造とは新しいものを考え出すことである。イノベーションとは新しいものを実行することである」と言っている。

イノベーションの対象を、商品ではなく、その売り方であると考えたレイ・クロックの試みは、代表的な成功事例といえよう。マクドナルドに加盟した店にとって、運営ノウハウのひとつひとつが、他の店と差別化し、顧客をつなぎとめる武器となるのだ。

安心してほしいのだが、運営のノウハウといってもさほど難しいものではない。ほんの少しのアイデアで、大きな効果を上げるノウハウも存在するのである。

例えば、小売店の販売員と顧客との会話を考えてみよう。たいていの店では、いつもお決まりの言葉をかけている。「いらっしゃいませ。何かお探しでしょうか？」そう聞かれれば、顧客の返事も決まりきったものになる。「いや、見ているだけだよ。ありがとう」

どうして販売員は、いつも同じ答えが返ってくることを知りながら、顧客に声をかけるのだろうか？

顧客が商品を選ぶ様子を見ているだけなら、販売員が売り場にいる意味はほとんどない。実は声のかけ方一つで売り上げを増やすチャンスがあるのに、大半の販売員はそれに気づいていないのである。

実践1　声のかけ方を工夫してみる

「いらっしゃいませ。何かお探しでしょうか?」と声をかける代わりに、「いらっしゃいませ。以前にご来店いただいたことはありますか?」と聞いてみよう。「はい」「いいえ」のいずれかの返事がくるが、どちらの場合でも、このまま話を続けるチャンスを手に入れたことになる。

答えが「はい」なら、「それはよかった。私どもは以前ご来店いただいた方に特別のプログラムをご用意しております。少々お話しさせていただいてもよろしいでしょうか?」と言うことができる。

答えが「いいえ」であっても、「それはよかった。私どもは初めてご来店いただいた方に特別のプログラムをご用意しております。少々お話しさせていただいてもよろしいでしょうか?」と言えばよい。

もちろん、どちらの場合にも、新たに特別プログラムを準備しなければならないが、さほど面倒なことではない。

考えてみてほしい。ちょっと言葉を変えるだけで、あなたのポケットにお金が入ることが保証されるのである。どれくらい収入が増えるかって? 業種や取り組み方にもよるが、私の顧問先の会社では、たちまち売り上げが一〇〜一六％も伸びたのである！

言葉をちょっと変えるだけで、すぐに売り上げに効果が表れるのである。くどいかもしれないが、その伸びはわずかではなく、「かなり」のものである。これまで通りの方法で、一〇％も売り上げを伸ばそうとすれば、どれほどの努力が必要となるだろうか？

実践２　服装を変えてみる

次も販売員のための実験である。期間は六週間としてみよう。最初の三週間は、茶色のスーツと糊《のり》のきいた薄茶色のシャツを着て、男性なら茶色のネクタイを締めて、よく磨かれた茶色の靴を履いて売り場に立つ。スーツは、きちんとプレスされてなければならない。次の三週間は、紺のスーツと糊のきいた上質の白いシャツを着て、赤色が一部に配されたネクタイを締めて（女性の場合はブローチやスカーフに赤い色を含める）、よく磨かれた黒い靴を履いて売り場に立つ。

この結果も驚くべきもので、後半三週間に売り上げが伸びるのである！　紺色のスーツは茶色のスーツよりも販売効果が高いのである！　私は顧問先の会社で、何度も同じ効果が上がることを確認してきた。

マクドナルドやフェデラルエクスプレスやディズニーに代表される優良企業が、多くの時間とお金をかけて、制服を決めているのにはそれなりの根拠があって、十分な投資対効果が得られるのである。

実践3　ジェスチャーを変えてみる

今度、誰かに頼みごとをするときには、声をかけながら軽く腕に触れてみてほしい。タッチしないときと比べて、タッチしたときのほうが明らかに多くの人が肯定的な返事をしてくれる。

これを仕事に応用するには、セールスの話をしている間に、あえてお客の肘《ひじ》や腕や背中にタッチしてみよう。たったこれだけで、あなたの会社の売り上げも、私の顧問先と同様に、相当な伸びを示すことは請け合いである。

成功を収めている企業は、常に革新的な試みを行ってきた。イノベーションとは「顧客が望むものを手に入れるために、何が邪魔になっているのだろうか?」と問いかけることである。イノベーションで高い効果を上げるためには、常に顧客の視点をもつことが必要になる。

同時に、事業の本質ぎりぎりのところまで、無駄を省くこともイノベーションである。これによって仕事の効率を高めることができるのである。

またイノベーションとは、顧客への認知度を高め、顧客の心の中に一定の地位を占めるための仕組みでもある。そのためには、顧客が無意識に期待していることやニーズを科学的な方法で分析しなければならない。

私は、イノベーションとは最善の方法を探し求めることだと考えている。あなたの会社でも、「どうすれば、最適な方法でこの仕事ができるだろうか？」という議論が何度となく行われてきたことだと思う。実際のところ、最適な方法を見つけることは難しいが、議論を重ねることで、よりよい方法は見つかるし、あなた自身と従業員を成長させることができるのである。

ルール②　数値化

イノベーションは企業にとって、必要不可欠なものである。しかしそれだけで成果を上げることはできない。成果を上げるためには、イノベーションがどれほどの効果を上げるのかを、数値として把握することが必要である。私も、イノベーションを行ったときの効果については、必ず数値化して話すように心がけている。

例えば、スモールビジネスの経営者に向かって、「昨日は何度、販売するチャンスがありましたか?」と聞いてみてほしい。九九%はその答えを知らない、と断言してもよい。大半の企業で、経営に必要なデータが数値として把握されていないために、目に見えない大きな損失が発生しているのである。

例えば、来店客への声のかけ方を少し変えることで売り上げが一六%増加したことを示すには、次の数値を知らなければならない。

①言葉を変える前の来店客数
②言葉を変える前の購買客数と商品単価
③言葉を変えてからの来店客数
④言葉を変えてからの購買客数と商品単価

これらの数値をすべて把握することによって、あなたのイノベーションがどれほどの価値を生み出したのかを把握することができる。

数値化を行わずして、紺色のスーツに変えたことによる売り上げ増の効果をどうして測ることができるだろうか？　そんなことはできるわけがないのである。

しかし、ほとんどのスモールビジネスの経営者は、数値化することの重要性を知っていながらも、実践していない。彼らが数値化を行わないのは、小さなイノベーションを積み重ねることの重要性を認識していないからだろう。

とはいっても、紺のスーツに変えるといった簡単なことで売り上げが一〇％伸びることを知れば、無視できなくなるはずだ。

事業発展プログラムで、最初に行わなければならない仕事は、「数値化」である。事業に関連する「すべて」の数字を知らなければならない。

毎日、何人の顧客に会うだろうか？　午前中は？　午後は？

毎日、何人の顧客から問い合わせを受けるだろうか？　何人が価格を聞き、何人が購入の意向をもっているのだろうか？

毎日、製品Aは何個売れるだろうか？　一日のうち、何時ごろがいちばん売れるのだろうか？

何曜日がいちばん忙しいのだろうか？　どれくらい忙しいのだろうか？

などなど。数字に関しては、いくら質問してもしすぎることはない。

こんな質問を繰り返すようになれば、あなたの会社でも、数字を通して事業を見る習慣が定着してきた証拠だ。

また、数字の変化を追うことで、会社の健康状態がわかるようになり、経営に大きな影響を与える数値とそうでない数値があることもわかるようになるだろう。

数字がなければ、会社が伸びているのか、停滞しているのかさえわからないばかりか、今どこにいるのかさえ、わからないのである。数値化を進めることで、事業の見方が変わることは請け合いである。

ルール③　マニュアル化

イノベーションを起こすことに成功し、事業へのインパクトを数値化できたのなら、次は「マニュアル化」を行うことになる。

マニュアル化とは、現場レベルでの裁量の自由を否定するものである。

マニュアル化をしないかぎり、商品やサービスの質は安定しないので、売り上げも安定しない。

セオドア・レビットは名著『発展のマーケティング』の中で、「自由裁量は秩序、標準化、品質、の敵だ」とさえ書いている。

マニュアル化の信奉者になると、「紺のスーツが効果的なら、顧客の前では、いつも紺のスーツを着ていよう」と主張しはじめる。また、「いらっしゃいませ。ご来店は初めてでいらっしゃいますか？」という挨拶が効果的なら、これを毎日繰り返すことになる。

フレッド・スミス（フェデラルエクスプレス創業者）や、トム・ワトソン、レイ・クロック、やウォルト・ディズニーのように、一貫した商品やサービスを提供することに心血を注いだ人たちは、マニュアル化の信奉者だったといっても間違いではない。

なぜなら、フランチャイズの形式をとっているかどうかは別として、優れたビジネスモデルをもっている企業は、マニュアル化しないかぎり、事業自体を商品にはできないし、事業の成功もおぼつかないことを知っているからである。

マニュアル化を進めることにより、顧客の期待が常に満たされるようになれば、もう他の店や企業に行こうとはしなくなる。言い換えれば、マニュアル化はあなたの事業から顧客を離さないための接着剤のようなものなのである。

ただし、接着剤にも寿命はあって、同じ商品・サービスを提供しても、いずれ顧客のニーズを満たせなくなるときはやってくる。そうなれば、別の商品・サービスをもう一度マニュアル化して提供すればよいのである。

事業発展プログラムは、常に進化を続けるものである。「イノベーション↓数値化↓マニュアル化」のサイクルは、休むことなく続けられなければならない。進化を続けることにより、環境の変化に先手を打つことができるのである。


サラは私の話に興味をもってくれた様子だった。

「マニュアル化という考え方を理解するために、もう少し教えてもらってもいいかしら？『マニュアル化』って聞くと、機械的で人間味が感じられないの。店にはロボットみたいな従業員がいっぱいいて、規則正しく働いている様子を想像してしまうわ。でも、あなたが言いたいのはそんなことじゃないわよね？」

「サラ、マニュアル化をしなさいというだけなら、僕もその意見に賛成だよ。お店やオフィスはつまらない場所になってしまうだろうね。目標もなくて、ただ定型的な仕事ばかりをこなしていれば、そう感じるだろうさ」

「でも、事業発展プログラムでは、イノベーション↓数値化↓マニュアル化という流れをセットで考えるべきなんだ。マニュアル化という一つのプロセスだけを取り出して議論することはできない。これがどういうことか、例を出して話してみようか」

「きみのおばさんが、パイを焼いていたときの様子を思い出してくれるかな? おばさんの笑顔、生地をこねる手つき、パイが焼き上がったときの香ばしいかおり、ちょっとした料理のコツ。マニュアル化とは正反対のことばかりを思い出すかもしれない」

「そうね。私にとっておばさんの台所は特別な場所だったわ。パイをつくるときのおばさんの才能には、驚かされっぱなしだったもの」

「そのときに、おばさんはきみにフルーツの切り方とか、保存の仕方とか、パイを焼くための段取りのいい方法とかを教えてくれたんじゃないかな? おばさんはマニュアル化とは呼ばなかったけど、いちばんいい方法を知っていて、そのルールをいつも守っていたはずなんだ。でも、おばさんはそれだけじゃなかった。とても賢い人だったから、もっといいパイの焼き方を考えたり、新しいレシピをつくっていた。その途中では最高のパイをつくるための卵や小麦粉の分量やオーブンの火かげんを書きまとめていたはずだよね。これが『イノベーション』であり、『数値化』なんだ」

「事業でも同じことなんだ。お客さんの期待にいつも応えるためには『マニュアル化』が必要だし、従業員に働きがいを与えるためには『イノベーション』や『数値化』が必要になる。もちろん、新しいことを始めることでお客さんに新鮮な驚きを味わってもらうこともできるしね」

「三つのプロセスがそろうことで、働くことが、単にお金を稼ぐためのつらい仕事から、自分を高めるチャンスへと変わるんだ。成功している会社では、このプロセスがずっと続けられているんだよ」

少々熱っぽく話しすぎたことに気づいたが私は続けた。

「人生論っぽくなってしまうけど、事業でも、人生でも、成功するためには、より高い世界を目指して変わり続けなきゃならないということでは同じなんだよ。そのときに必要なプロセスが、イノベーション、数値化、マニュアル化というわけさ。今までのところで、何か質問はあるかい?」

「どうやら『事業発展プログラム』がとても役立ちそうなことはわかってきたわ。いろいろ聞きたいことはあるけど、私のお店にどう生かせるのかをもう少し具体的に話してもらえないかしら?」

私は紅茶を一口すすり、続けた。

11　事業発展プログラムの7つのステップ

読者の皆さんには、もう何をするべきかがおわかりだろう。

誰がどこで経営しても成功するような事業の試作モデルをつくりはじめればよいのである。そうすれば、あなたの商品ではなく、お店や事業そのものを買いたいという人たちがどんどんやってくるようになる。彼らは、いつも期待通りの商品やサービスが提供され、常にイノベーションが行われている様子を見て驚くにちがいない。成功する理由を自慢げに説明する自分の姿を想像するのも、悪い気はしないだろう。試作モデルをつくることに成功すれば、あなたの事業はとても魅力的なものになっているはずなのだ。

事業の完成度をここまで高めるものが、「事業発展プログラム」である。

プログラムは七つのステップから構成される。

ステップ①　**事業の究極の目標**を設定する
ステップ②　**戦略的目標**を設定する
ステップ③　**組織戦略**を考える
ステップ④　**マネジメント戦略**を考える
ステップ⑤　**人材戦略**を考える
ステップ⑥　**マーケティング戦略**を考える
ステップ⑦　**システム戦略**を考える

次の章から、七つのステップをそれぞれ見てみよう。

12

ステップ① 事業の究極の目標
あなたが望む人生の目標とは？

ここまで読み進めてくれた読者の皆さんなら、事業の目標を考えるときにいちばん大切なことは、あなた自身の人生の目標である、といっても驚かないだろう。私は、事業が人生のすべてだとは思っていないが、人生の中でかなり重要な役割を担っていると考えている。だからこそ、事業の目標を考えるうえで、「あなた」にとっての人生の目標を無視することはできないのである。

事業の目標とは、あなたが何に最も価値を置き、どんな人生を望んでいるのか？に対する答えとなるものである。

縁起が悪いかもしれないが、あなたの人生の最期の瞬間を想像してほしい。友達、家族、仕事仲間が顔をそろえて、涙を流しながら別れを告げる中、あなたの生前の声を録音したテープが流れはじめる。あなたはテープの中で、どんな人生だったと振り返りたいだろうか？　そこであなたが伝えたいと思うことが、あなたの人生の目標なのである。

人生の目標が決まれば、あとは実行に移すだけである。

つまり人生の目標をつくり、あなたが望むような人生へと切り替えればよいのである。

単純なことだろうか？　単純なことだ。

簡単なことだろうか？　いや、簡単なことではない。

しかし、まずは人生の目標を決めなければならない。人生の目標が定まらないまま、どうして事業の目標を決めることができるだろうか？　どうして達成の度合いを測ることができるだろうか？

優良企業は、はっきりとした将来像をもち、それを実現するために何が必要かを知っている。

功績を残す人たちは、明確な人生の目標をもち、それを実現するために毎日努力を重ねている。

普通の人と功績を残す人の違いは、人生を受身の姿勢で過ごすことと、自ら人生を切り開こうとすることの差だと私は信じている。

事業を立ち上げる前に、または明日の仕事を始める前に、次の質問を自分に問いかけてみてほしい。

・私はどんな人生を過ごしたいと思っているのか？
・私は毎日どんな生活を送りたいのか？
・人生の中で何を大切にしたいのか？
・自分以外の人たち——家族、友達、仕事仲間、顧客、従業員、地域社会——とどのように関わっていきたいのか？
・自分以外の人たちから、どう思われたいのか？
・二年後、十年後、二十年後、そして人生が終わりに近づいたときに何をしていたいのか？
・精神的な充実、金銭的な豊かさ、健康的な生活、知識の探求、技術の習得、人間関係の豊かさ、人生の中で何を追求したいのか？
・夢を実現するためにはどれくらいのお金が必要か？　いつまでに必要か？

これらは、事業の究極の目標を考えるうえで必要な質問のごく一部にすぎない。究極の事業目標とは、人生の目標と切っても切れない関係にあるのだ。

13 ステップ② 戦略的目標

人生設計の一部として事業を考える

事業は人生の目標ではなく、それを達成するための手段にすぎない。そして人生の貴重な時間を犠牲にするものではなく、人生をより豊かにするチャンスでもある。

これまでの章を読んで、あなたは人生の目標をはっきりともつことができただろうか？ 人生の目標がはっきりと決まれば、次にようやく事業について考える作業が始まる。

そこで最初に、人生の目標を達成するために、事業がどんな役割を果たすのかを考えなければならない。それが事業の戦略的目標である。

戦略的目標は、通常の事業計画とは異なる。なぜなら、戦略的目標には人生設計という視点が含まれているからである。事業は人生設計の一部にすぎないのである。

また戦略的目標は、一緒に仕事をする人たち――銀行員、投資家、仕事仲間――に対して、事業のあらましを伝えるパンフレットの役割も果たす。だから、わかりやすくするためにも、ある程度簡潔なものでなければならない。

事業の戦略的目標とは、人生や事業における基準を集めたものであり、またゴールまでの達成度を測るための基準にもなる。

それでは、戦略的目標にどのような基準が必要なのか詳しく見てみよう。

第一の基準　お金

事業の戦略的目標の最初の基準は、お金、つまり売り上げである。あなたはどれくらいの目標を置いているだろうか？　年商三十万ドルの会社だろうか？　百万ドルの会社だろうか？　それとも五千万ドルの会社だろうか？

この答えがわからないのなら、事業を始めることが人生の目標の実現に役立つのかさえはっきりとしない。

しかも売り上げだけでは不十分だ。売上総利益、経常利益、税引後利益についても、目標の設定が必要である。

将来の売り上げをどうやって今から予測するのか？と思うかもしれないが、さほど悩む必要はない。将来の予測などそもそも不可能なのだから、議論のきっかけとして、どんな基準でもないよりはマシだという程度に割り切ればよいのである。それにお金に関する基準を設けることは、事業のためだけでなく、人生設計にとっても必要なことなのである。

戦略的目標をつくる際には、まず「人生の目標を達成するためには、何をすればよいだろうか？」と考えるが、お金はその次に重要な問題となる。「自分が望むような生き方をするには、どれくらいのお金が必要だろうか？」この場合のお金とは、収入ではなく資産を指す。言い換えれば、仕事からの収入に頼らずに生きるためには、どれくらいのお金が必要だろうか？ということである。

私は、起業することの最終的な目的は、「会社を売却する」ことだと考えている。会社を立ち上げ、成功させ、売却することで十分な報酬を得るのである。

どれくらいの価格で売却したいだろうか？

いつ売却したいだろうか？

これらの質問への答えがお金に関する基準となる。これが決まれば次のステップとして、あなたの考える事業が十分なお金を生み出せるのか？を検討することになる。

第二の基準　取り組む価値はあるのか?

あなたが考えている事業には、取り組むだけの価値があるのだろうか?　つまり、事業を成功させれば、第一の基準である十分なお金を稼ぐことができるのだろうか?　もし、その答えがイエスならば、その事業には取り組むだけの価値がある。

しかし、十分なお金を稼ぐことができないと思えるのなら、その事業がどれほど面白いものであっても、あきらめざるを得ない。人生の目標を達成するためには、他にお金を稼ぐことのできる事業を探さなければならないのである。

取り組む価値があるかどうかを見極めるためにも、次の質問に答えてみてほしい。「あなたが考えている事業は、多くの消費者が感じている不満を解決できるものだろうか?」

あなたはこの答えを探す中で、「どのような事業を目指すべきか?」「顧客とは誰か?」という二つの重要な問題に気づくことになる。

どのような事業を目指すべきか?

誰かに、どんな仕事をしていますか?と聞けば、たいていの場合は「コンピューターの仕事をしている」とか「システムキッチンを売っている」という答えが返ってくる。取り扱う商品を答える人がほとんどで、商品がもたらす「価値」について答える人はいない。

いったい「価値」とは何だろうか？

商品とは、顧客が店を出るときに、実際に手にもっているものである。

価値とは、顧客が店を出るときに、感じるものである。

顧客が何かを感じるとすれば、商品に対してではなく、お店や事業全体に対してである。事業を成功させるためには、この違いを理解しなければならない。

レブロンの創業者であるチャールズ・レヴソンは、かつて自分の会社のことを次のように語った。「レブロンの工場では化粧品をつくっているが、店舗で売っているものは希望である」

レブロンでは、化粧品という商品を通して、希望という価値を提供しているのである。

あなたの店や事業が提供する「価値」とは何だろうか？　顧客が店を出るときに、どんな感情をもっているだろうか？　喜びだろうか？　安心感だろうか？　愛情だろうか？　顧客があなたの店で買うものとは、本当のところ何だろうか？

商品も価値観も多様化した現代では、顧客の感情を理解することは困難になった。しかし、顧客の年齢や職業などの属性、心理分析を行うことで、顧客の琴線《きんせん》に触れる「価値」を提供するのがあなたの仕事なのである。

顧客とは誰か？

どんな業種でも、年齢、性別、家族、学歴、職業などの切り口から、顧客の属性データを分析することができる。業種により特徴は異なるが、分析を進めることで、特定のグループがあなたの上得意客になっていることがわかる。そのうえで上得意客がなぜ商品を買ってくれるのか？という顧客心理を分析することになる。

「この事業に取り組む価値があるのか？」と考えるときには、顧客の属性データを分析することで、どれくらいの潜在的な市場が見込まれるのかを知り、顧客心理を分析することで、どのような顧客ニーズが存在するのかを探ることになる。

基準はいくつ必要か？

戦略的目標を完成させるために、「いくつの基準が必要なのか？」という決まりはない。ただし、次のような質問への答えは準備しておかなければならない。

・事業の試作モデルが完成するのはいつか？

・営業エリアは市町村単位？　県単位？　全国規模？　それとも世界規模？

・顧客は個人？　法人？　それとも両方？

・衛生管理、雇用、服装、研修等についてどんな基準を設定するのか？

このような基準が、事業の将来像を決定するのである。優良企業では、適切な基準が設定されているからこそ、すばらしい業績を残しているのである。

月曜日はサラの店「オール・アバウト・パイ」の定休日だったので、近くのレストランで昼食をとりながら話し合うことにした。前に会ったときと比べて、サラの目には輝きが増し、若返ったように見えた。

食事の間じゅう、サラは話したくてうずうずしている様子だったが、結局ほとんど言葉を交わすことはなかった。しかし、食事を終えたとたん、サラは堰《せき》を切ったように話しはじめた。

「七年後には、私のお店は四つに増えているの。一つは今のお店、それ以外に三カ所にお店を出すことに決めたわ」彼女は店を出す候補地として、隣接する三つの地域をあげた。

「店名は変える必要はないわ。『オール・アバウト・パイ』という名前の通り、私がおばさんから学んだパイに関するすべてをお客さまと従業員に伝える場所にするつもり。すべての人に『オール・アバウト・パイ』という名前がもっている深いメッセージに気づいてほしいと思ってるのよ」

「一店舗当たりの年間売上高は四十五万ドルで、四店舗なら年商百八十万ドル。純利益は正確にはわからないけれど、一五％ぐらいとして、全店で二十七万ドルぐらいは確保するべきよね。今のお店の純利益率が一一％だから、一五％ぐらいなら可能なはずよ」

「うまくいって七年以内に事業が売却できれば、株価収益率から考えて百万ドル以上の金額で売却できるはずなの。七年間で百万ドルの事業をつくること――これが私の夢」サラはもう百万ドルが、自分の銀行口座に振り込まれたかのような笑顔で言った。

「どうして百万ドルかといえば、今欲しいと思っているものを全部買っても買い切れないぐらいのお金だし、目標として考えるにはぴったりの数字に思えるからなの」

「二番目のお店を開く前には、私がお店にいなくても、うまくお店が運営できるようにしなきゃならないこともわかってる。そのために、最初にするべきなのは、私の仕事の進め方をきちんと文書にまとめること。とはいっても、もうまとめはじめているのよ」

「ねえ、私の事業が成功したときの姿についてもっと話してもいいかしら?」

「私のおばさんはよく『今の人たちは、もっと思いやりの気持ちをもつべきだ』って口癖のように言っていたわ。私もその通りだと思うの。だから、私のお店は『思いやり』を伝える場所にしたいの。あなたの話によれば、私が思いやりのある人間なら、私のお店にも思いやりが表れるはずよね? だとすれば、お店で売っている商品はパイだけど、お店を出るときにお客さんが感じるのは『思いやり』だって言えるようにしたい」

「なかなかりっぱな経営理念だね」私はあいづちを打った。

「それにお客さんにとっても、従業員にとっても、私のお店はお手本のような場所でなければならない。そう考えれば、パイの材料に使う果物を育てる果樹園もつくらなきゃならないことに気づいたの」

「おばさんは、『最高の果物を食べてもらおうと思えば、じっくりと手に取って、においをかいで、食べごろかどうかを確かめなさい』って教えてくれたわ。ここまでなら普通だけど、おばさんは『もっと、果物のことを知らなければ』といって、庭に木までを植えてしまった。そうすれば、いろんなことがわかってきて、有機肥料にもこだわるようになっていた。おばさんはそんな人だったのよ」

「私のお店でも、おばさんのような『思いやり』を伝えようとするなら、自分のお店の果樹園がやっぱり必要だと思うの。そうすれば、お店では旬の果物を使ったパイをつくることができる。他の店が真似できないような完全な自家製だから、ちゃんと差別化できるでしょ。それにお店の床は最高のオーク材で、オーブンも最高のものだしね」

ここで私は口をはさんだ。「おばさんも、ここを気に入ってくれるだろうね」

サラは答えた。「たぶんね。よく考えてみると、今言ったことは、これまでのお店でもやってきたことだから、きっとうまくいくはずなのよ。それに、もし迷っても、『おばさんだったらどうするかしら?』って考えればよいことに気づいたのよ」

「これが、私の事業の戦略的目標なんだけど、いかがだったかしら?」

私は笑いながら答えた。「サラ、驚いて言葉も出ないよ」

「じゃあ、次は何をすればいいの?」サラは私たちのカップに新しく紅茶を注ぎながら尋ねた。

14

仕事の役割分担を明確にする

ステップ③ 組織戦略

組織としての体裁が整えられることを嫌う人間はいない。しかし、いざ経営者が組織図をつくろうとすれば、従業員は否定的な反応を見せることが多い。

私の顧問先の企業でも、組織図をつくろうともちかけると、ある経営者などは「馬鹿なことを言わないでくれ！　こんな小さな会社では、組織図なんかより優秀な人材のほうが必要だ！」と主張し、猛反発を受けた経験もある。

私はめげず、彼の会社の組織図をつくりあげた。なぜなら、組織図を完成させることが、スモールビジネスにとって非常に有益であることを知っていたからである。

個人に依存した組織には限界がある

たいていの会社では、どの役職がどんな責任を負うのかを明確にしないまま、仕事が進められている。このような組織には、いずれ限界がやってくる。例として、ジャックとマーレイの兄弟が一獲千金を狙って立ち上げたＪＭエンジニアリング社を見てみよう。たいていの会社と同じように、この会社でも二人の分担作業で仕事が進められることになった。ジャックがモノをつくっていないときには、マーレイがつくる。ジャックが顧客に応対できないときには、マーレイが応対する。マーレイが帳簿をつけられなければ、ジャックが代わりをする。

最初のうちは役割分担も好調だ。工場には塵一つなく、窓はピカピカに磨かれていて、顧客も二人の仕事ぶりに満足している。だからジャックとマーレイも張り切っている。仕事は持ち回りなので、事務所を開けるのも、月曜日はマーレイ、火曜日はジャック、水曜日はマーレイ、木曜日はジャックという具合に決められている。何といっても、彼らはパートナーだし、もし彼らがやらなければ、誰がやるのだろう？　仕事を分担することこそが公平なのである。

しだいに会社は大きくなりはじめ、仕事量が二人の手に負えなくなってきた。そこで二人は甥っ子のジェリーを雇うことにした。どうせ人を雇うなら、気心の知れた身内のほうがよいという、ごもっともな考えである。

今度はジャック、マーレイ、ジェリーの三人が、交代で仕事をするようになった。ジャックが帳簿をつけられないときには、マーレイがつける。二人がつけられないときには、ジェリーがつける。マーレイが顧客に応対できないときには、ジャックかジェリーのどちらかが応対する。

会社はさらに成長し、三人でも手が回らなくなってきた。次に、ジャックの妻の弟のハーブが仲間に加わった。なかなかの働き者だ。今度は四人が交代で仕事をするようになった。シャッターを開けるのも、電話を受けるのも、サンドイッチの買い出しに行くのも四人の持ち回りだ。

しかし突然、商品が返品された。これまでにはなかった不良品が原因だ。「こんなトラブルは初めてだよ」とジャックがマーレイに言えば、マーレイはハーブの顔を、ハーブはジェリーの顔を見る。

そして、帳簿の計算も合わなくなる。「こんなミスは初めてだよ」とマーレイがジャックに言っても、他の三人は誰の責任かわからずお互いの顔を見合わせるばかりである。

このような状況では、誰に責任があるのだろうか？　共同経営者であるジャックとマーレイのどちらかが責任をとるべきなのだろうか？

ジャックがジェリーに何かを頼んだときに、マーレイが他のことを頼めば、ジェリーはどちらの言うことを聞けばいいのだろうか？　帳簿の数字が合わないときに、数字を合わせる責任をもつのは誰だろうか？

指揮・命令系統や仕事の内容を明確にした組織図がなければ、会社は迷路に入り込んでしまうのである。

組織図をつくる

ジャックとマーレイは、もう一度起業をやり直すことにした。

二人は成功するために、これまでとは違う方法で経営しなければならないことをすでに学んでいる。

彼らは最初に、自分たちの会社を、きっちりとした会社として考えることからとりかかった。二人は自分たちを株主と考えることにしたのである。

台所の机に向かい、二人はそれぞれの白紙の一番上に自分の名前を書く。そして、名前の下に「人生の目標」を書きはじめる。

一時間ほどかけて、二人はそれぞれに、自分の人生がどうあってほしいかを考えながら、結論を書き記す。

二人は、お互いが書いたことについて話し合い、人生の夢を共有する。この過程で、おそらく、兄弟とはいいながらもお互いの知らない一面を発見するはずである。

次に、ジャックとマーレイは、白紙の上から三分の一くらいのところに横線を引き、線の上に、太字で「**株主**」と書く。ここでは、二人が会社の所有者であること、そして二人が「**従業員**」であることに合意する。こうすることで、のちのちのトラブルを避けられるのである。

次の段階では、彼らの会社の戦略的目標をつくることになる。二人はまず、会社の営業エリア内の人口、潜在的な顧客数、競合状況、市場の成長性などの統計資料を分析することにした。

またマーレイは、見込み客を対象に、競合他社の商品に満足しているかどうかを聞くアンケートを行うことにした。同時に、別の見込み客百五十人を対象に電話をかけて、利用者ニーズの分析も行った。

一方で、ジャックは銀行からお金を借りるために必要な財務データの準備を始めた。

マーレイの調査が終わった段階で、二人は打ち合わせをし、戦略的目標を完成させ、収文計画を見直すことにした。

幸運なことに、マーレイが集めた情報から判断すれば、競合は少なく、十分な潜在顧客がいるようだ。二人は戦略的目標を完成させ、それから組織を発展させるための重要な仕事――組織図の作成――にとりかかる。

二人は戦略的目標を決めるときに、会社の事業領域を次のように決めた。

ＪＭエンジニアリング社は、Ａ地区の生活者を対象に、機械製品とその関連部品を組み立てて販売する。

これを受けて、二人は組織図に次の役職が必要になることに同意した。

・社長　戦略的目標を達成する責任および株主への報告責任を負う。
・営業担当副社長　顧客を発見し、低コストでかつ簡単に、顧客を満足させる責任を負う。また社長への報告責任も負う。
・製造担当副社長　契約通りに商品を顧客に届け、より低いコストで顧客を満足させるような商品を開発する責任を負う。また社長への報告責任も負う。
・財務担当副社長　収益目標を管理し、必要に応じた資金調達を行うことで、営業部門と製造部門をサポートする責任を負う。また社長への報告責任も負う。
・営業担当副社長のもとに、マーケティング部長と営業部長の二つのポストを置く。
・製造担当副社長のもとに、製造部長、施設管理部長、顧客サービス部長の三つのポストを置く。
・財務担当副社長のもとに、財務部長と経理部長の二つのポストを置く。

ジャックとマーレイは、完成した組織図を見て笑いだした。まるで大きな会社のような立派な組織図に仕上がったからである。ただ一つの問題は、すべての枠にジャックとマーレイの名前を書き込まなければならないことである。なにしろ、従業員は二人だけなのだから。

しかし、この組織図には、JMエンジニアリング社に必要な仕事がすべて書き込まれている。会社が成長して社員が増えたとしても、役職者の名前が変わるだけで、やるべき仕事は変わらないのである。

二人が次に行うべき仕事は、組織図に書き込まれた役職ごとに、役職契約書（これは私たちE-Myth社独自の呼び方である）を作成することである。役職契約書とは、会社と従

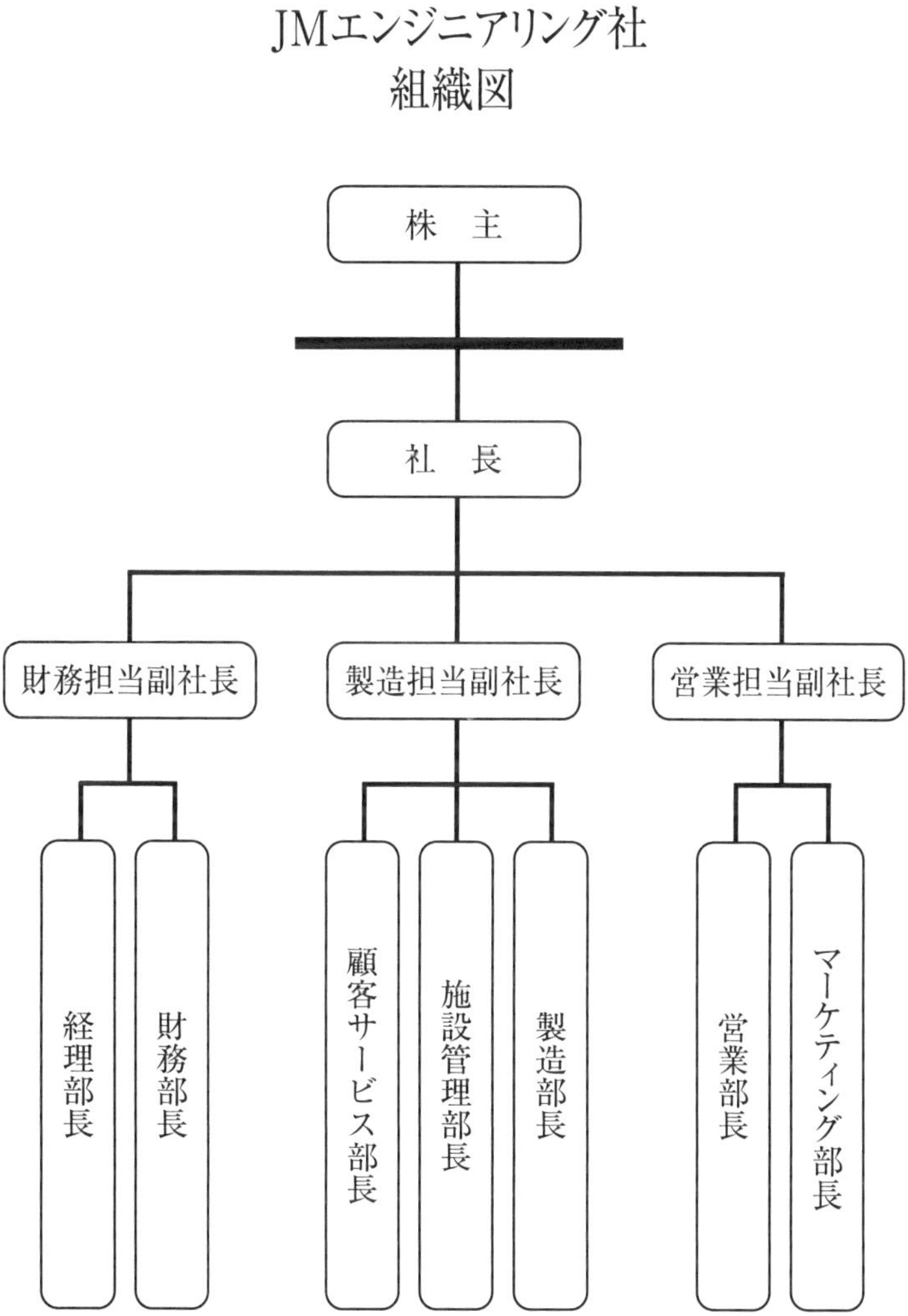
JMエンジニアリング社
組織図
株　主
社　長
財務担当副社長
製造担当副社長
営業担当副社長
経理部長
財務部長
顧客サービス部長
施設管理部長
製造部長
営業部長
マーケティング部長

業員との間の契約書類であり、組織の一員としての責任を明らかにするものである。つまり、役職契約書とは、誰が担当者で、誰が責任を負うのかを明記した文書だと考えればよい（業務内容や期待される成果、職務知識について記した職務記述書とは異なるものである）。

役職契約書を完成させた後に、株主としてジャックとマーレイはそれぞれの役職を任命するという最も大切な仕事を始める。過去の失敗を繰り返さないためにも、この作業には細心の注意が必要である。

まず最初に考えるべきなのは、誰が社長を務めるのか？という問題である。もちろん社長を名乗ることができるのは一人しかいない。適任なのはジャックだろうか？　マーレイだろうか？　彼らはじっくりと考える。

なにしろ社長は、ジャックとマーレイが人生の夢を達成するための最終的な責任を負う大役である。

マーレイは、熟考した結果、ジャックが社長になるべきだという結論に達した。マーレイは兄であったが、ジャックのほうが責任感が強かった。マーレイは、発想力には自信があったが、社長の仕事では責任感のほうが重要だと考えた。

マーレイは、ジャックと相談し、長い話し合いの結果、ジャックが社長になることが決定した。そしてジャックは、社長の役職契約書にサインをした。

次は、営業、製造、財務をそれぞれ担当する三人の副社長を決める番だ。

ジャックはマーレイに、営業担当副社長を引き受けるように頼む。なぜなら、マーレイは事業を立ち上げる前の市場調査ですばらしい才能を見せていたからである。

この仕事をやりたいと考えていたマーレイは、喜んでこれを受け入れ、営業担当副社長の役職契約書にサインをする。そして、ジャックは会社の代表者として、マーレイを営業担当副社長と認めるサインをする。

次は製造担当副社長である。マーレイが営業と製造の両方を同時に見ることは難しいと考えたので、ジャックはこの役職を引き受けることにした。今回はジャックが副社長と社長の二つの立場から、二つのサインをすることになる。

そして最後に、ジャックは財務担当副社長を引き受けることにして、サインをする。几帳面なジャックがこの役職に打ってつけなのは、いうまでもない。

部長のポストについては、マーレイがマーケティング部長と営業部長を、そしてジャックは製造部長、施設管理部長、顧客サービス部長、財務部長、経理部長の仕事を引き受けることになった。

すべての役職契約書にサインが書き込まれた後、二人は契約書を見直して驚いた。マーレイの役職は三つなのに、ジャックの役職は八つなのだ！

少し考えてから、マーレイは顧客サービス部長と財務部長と経理部長の役職を引き受けることにした。これで二人の仕事の負担は、おおよそ平等である。同時にたくさんの役職を引き受けるリスクも高いが、ともかく組織図は完成したのである。

まだ仕事は始まっていないが、二人の間では、会社の将来像や仕事内容、そして各役職者の責任範囲についてのイメージを共有化することができたのである。

組織図を完成させたことで、ジャックとマーレイは、会社がなんとか組織らしくなってきたことに満足感を覚えていた。そして、仕事量は膨大でも、なんとかなりそうな気になってきた。

彼らは組織づくりの仕事を見事にやってのけたのである。

そしてこの作業が完成したことで、事業の試作モデルの一部ができたことになる。

従業員に仕事を任せられる仕組みをつくる

組織図を完成させたジャックとマーレイは、役職ごとの仕事内容を決める作業にとりかかった。まずは営業、製造、財務の担当者レベル、つまり組織の下層部からとりかかることにした。こういう作業は、決して組織のトップから始めてはいけない。

社長や副社長は戦略的な仕事を担当するが、従業員は戦術的な仕事を担当する。戦術的な仕事とは、「職人」の仕事でもある。

ジャックとマーレイが事業を成功させたいのなら、二人が戦略的な仕事に専念できるように、戦術的な仕事を引き受ける別の人物を雇わなければならない。だから、まず担当者レベルから仕事内容を決めるべきなのである。

それでは事業が拡大する場面で、この組織図がどれほど役に立つのかを見てみよう。

ジャックとマーレイは事業を始めた。しかしこれまでとは違う。彼らの関心は、日々の仕事をこなすことから、事業を成長させることにシフトした。それを反映して、彼らの働き方もずいぶんと変化した。

マーレイが営業を担当する従業員として働くときには、イノベーション→数値化→マニュアル化という事業発展プログラムの手順にしたがって、よりよい仕事の進め方を追求するようになった。同様にして、ジャックが製造現場の従業員として働くときには、生産ラインを効率化する方法を考えるようになった。

かつての彼らは、目の前の仕事を一生懸命にこなすだけだったのだが、「顧客のためには何がいちばん役立つだろうか？　会社の利益を最大化しつつ、顧客の要望に応えるためにはどうすればよいだろうか？　担当者が仕事からより多くのことを学ぶにはどうすればよいだろうか？」と考えるようになった。

マーレイは営業担当者として、何色のどんなスタイルの服装が、顧客に最もよい印象を与えるのかを試行錯誤し、効果の高い声のかけ方を試しはじめた。そして、イノベーションの効果を数値化し、最も効果的だったものをまとめ、**営業マニュアル**をつくった。

営業マニュアルには、顧客が来店したときの声のかけ方、店を出るときの声のかけ方、問い合わせの電話やクレームへの対処方法が記されている。また、注文の受付、返品、新製品の予約、在庫の確認などのルールも決められた。この**営業マニュアル**が完成してようやく、マーレイは販売員を募集する広告を出すことにした。

必ずしも販売経験のある人間を集める必要はない。販売の仕事に経験がなくても、マーレイが考えた営業の方法を学ぶ熱意をもっている人間なら問題はない。日曜版の新聞には、こんな求人広告が掲載される。「ＪＭエンジニアリング社は成長が見込まれる有望な企業です。成長のための準備は整っています。未経験者歓迎。学ぶ意欲をもつ人材を求む」

採用面接では、マーレイがまず会社の戦略的目標を見せて、ジャックと彼がもつ夢を語る。次に組織図と営業マニュアルを見せて、営業担当者の位置づけや、その仕事内容を説明する。

適当な人物が見つかれば、その人間を雇い、**営業マニュアル**を手渡すことになる。彼はマニュアルを読んで、声のかけ方や服装のルール、社内のシステムを学ぶのである。

これは決定的な瞬間といってもよい。

なぜならマーレイは自分の仕事を置き換える仕組みをつくり、他の従業員に任せることに成功したのである。マーレイは晴れて、営業担当者の役割から解放され、ようやく営業部長としての仕事にとりかかることになった。このようにしてＪＭエンジニアリング社は新たなメンバーを加え、大きな一歩を踏み出したのである。

人生の目的から事業の戦略的目標が定められ、戦略的目標から組織図が導きだされる。組織図をつくるところから、着実に一歩ずつ前進することで、最終的に人生の目標が達成されるのである。

サラは大きく息を吐き、両手を天井に向けて大きく背伸びをした。そんなことは難しくて、できっこないという気持ちの表れだろうか？

彼女は言った。「『安易に考えるな』ってことよね？　あなたの言う通りなら、やるべきことが多すぎるわ」

「もう一度、確認してもいいかしら？　本当に理解したかどうか不安だから」

「あなたは、オール・アバウト・パイの組織図をつくるようにって、言ってるのよね。しかも会社が完成した状態、つまり七年後の組織図なのよね？」

「そうだよ」私は答えた。

「いったんその組織図をつくったら、当てはまる役職の枠に、私の名前を書き入れるのよね？」

「そうだよ」私はまた答えた。

「私は役職のひとつひとつに、細かい説明を付け加えて、まるでその仕事を担当する従業員であるかのように、役職ごとの役職契約書にサインしないといけない。でも、本当に私がサインまでする必要があるの？」

「サインをしないといけないね」私は答えた。

「誰か代わりの従業員を見つけるまで、きみは従業員の役割を果たさないといけない」

私の言葉で彼女の理解は急に進んだようだった。

「あなたがそう言うのは、私が実際に働いてみて、従業員とはどのように働くべきなのかを決めないかぎりは、マニュアルなんてつくれるわけがないってことなのね」

「その通りだよ。事業をやり直すつもりなら、組織図に書かれている役職のひとつひとつの機能をはっきりと決めないといけない。今までは、きみが無意識のうちにすべての役職の仕事をこなしてきたけど、他の人に仕事を任せるためにはやり方を変える必要があるんだ」

「組織図ができれば、自分がつくったマニュアルをきっちりと守らなければならない。ルールをつくった本人が守らなきゃ、他の人は守ってくれないからね。自分で考え抜いてつくったマニュアルなんだから、自信をもって守ればいいんだよ」

「こうしてきみの仕事は、現場で一生懸命に働くことから、従業員に対して語りかけることに変わってくるんだ。彼らにルールを守ってもらうためには、裏側にある経営理念をしっかりと理解してもらわなきゃならないからね」

「わかったわ！」彼女は言った。

「じゃあ、マネジメントの考え方について話そうか」私は、サラに紅茶をつぎながら言った。

「それから従業員とシステムの問題について考えよう。マネジメントと従業員とシステムは切り離せない問題だからね」

15

ステップ④マネジメント戦略
システムが顧客を満足させる

巧みにマネジメント（経営管理）を行うためには、有能なマネジャー――対人折衝力に優れ、経営学の修士号をもち、部下を育てるノウハウをもっている人間――が必要だと考えるのが常識かもしれない。

しかし、それは間違いである。そんな人たちは必要ないし、支払う給料も高くついてしまう。不要に優秀な人間を雇っても、あなたの悩みが増えるだけである。

代わりに必要なのは、**管理システム**である。

管理システムは、あなたにとっての戦略である。

管理システムは、事業の試作モデルを完成させるためのカギとなる。

管理システムは、従業員にあなたの期待通りの仕事をさせるための仕組みである。

管理システムは、従業員が無駄なことを考える時間を減らし、本当に必要な仕事に打ち込ませるものである。

管理システムとは何か？

管理システムとは、マーケティングの効果を高めるために、事業の試作モデルに組み込まれたシステムのことである。

私がここで紹介する管理システムは、一般にいわれているマネジメントの仕組みではない。むしろマーケティングの仕組みだと考えている。他社よりも多くの顧客、つまり収益を見つけ出し、囲い込むことが重要で、管理によって「効率」のよさを追求するよりも、マーケティングによって売り上げを増やす「効果」を重視しなければならない。

そして、システムが人手を介さずに自動的に機能するほど、事業の試作モデルが成功する確率は高まるのである。

私がずっとひいきにしているリゾートホテルを例に、このシステムが実践されている様子を紹介しよう。

マッチ、ミント、コーヒー、新聞

このホテルとの出会いは、ほんの偶然からだった。私はそのホテルに行く予定はなかった。

七時間もドライブを続けてぐったりとしていた私は、サンフランシスコに戻る前に、ふと通りかかったホテルに一泊することに決めた。そのホテルは、太平洋に面した杉林の中にひっそりと建っていた。

私がロビーに着いたころには、日は沈み、あたりの杉林も闇に包まれていた。

ロビーに入った瞬間に、このホテルが特別な場所であるということに気づいた。

内装には杉材がふんだんに使われており、それが暖かい色の照明に映えて、ぬくもりのある雰囲気に包まれていた。

漆黒《しっこく》のテーブルの上に置かれている重量感のあるブロンズ製のランプが、籐のバスケットに入れられた新鮮なフルーツに、深い色の光を照らしていた。また、テーブルには、複雑な模様の麻のクロスがかけられており、ロビー全体の色彩感にアクセントを加えていた。

テーブルの向こう側の壁には、どっしりとした石づくりの暖炉が炎を上げて燃えていた。パチパチと薪《まき》の弾ける音が、部屋の雰囲気をいっそう豊かに演出しているようだった。

まもなく受付カウンターの奥から、落ち着いた様子の女性が現れ、「ベネチアにようこそお越しくださいました」と、温かい笑顔で私を迎えてくれた。予約をしていなかったのにもかかわらず、ベルボーイが部屋に案内するまで三分足らずというスムーズな応対であった。

私は部屋に通されて、さらに驚いた。印象をひとことで言えば、上品な豪華さというのだろうか。床には落ち着いたパステル調の分厚いじゅうたんが敷き詰められており、上質な木製のキングサイズのベッドには、真っ白で清潔なキルトがかけられていた。天然杉の素朴な風合いの壁には、太平洋岸の風景と鳥を描いた油絵がさりげなく飾られていた。石づくりの暖炉には薪が準備されていて、火格子の下には丁寧に巻かれた紙と、大きめのマッチが置かれ、まさに私が火をつけるのを待つばかりとなっていた。私はこのホテルを選んだ幸運を喜んだ。

居心地のよい部屋でしばらくくつろいだ後に、私はジャケットに着替え、レストランへと向かった。受付の女性が、レストランを予約してくれたのである。レストランは、宿泊棟とは別の場所にあったので、私は建物を出て、暗い杉林を横切った。

夜の空気は静かに澄んでいた。

はるか遠くでは、太平洋の規則正しい波の音が静かに聞こえていた。これは、もしかしたら空耳だったかもしれない……。しかし、その場所が不思議なオーラに包まれていたのは確かだった。

レストランは、ホテルと海を見下ろす小高い丘の上に建っていた。建物に入るまで人影は見あたらなかったが、レストランの中は意外にも混雑していた。

入り口には、順番を待つ人たちがいたが、私が名前を告げるとボーイはすぐにテーブルに案内してくれた。予約客を優先するのがルールらしく、受付の女性が気をきかせてくれたおかげで、すぐにテーブルに着けたのである。

食事にも、給仕のサービスにも満足したのはいうまでもない。食後には生演奏のクラシックギターをBGMに、ブランデーを楽しむうちに、結構な時間をレストランで過ごしてしまったようだ。

レストランから部屋に戻る道には、もう冷たい夜気が満ちていた。「暖炉の火を起こして、寝る前にもう一杯ブランデーを飲もう」こんなことを考えながら、杉林の小径を歩いていた。

しかし、部屋に戻った私は、またもやホテルのサービスに驚かされた。暖炉の火は赤々と燃え、枕元にはミントが置かれていたのである。そしてベッド脇のナイトテーブルには、一杯のブランデーと手書きのカードが置かれていた。カードには次のようなことが書かれていた。

ベネチアにお越しいただきありがとうございます。初めてのベネチアの夜をお楽しみいただけたことかと思います。ご用がございましたら、いつでもお申し付けください。

キャシー

私はホテル側の十分な心遣いに満足して、眠りについた。

翌朝、私は奇妙な音で目を覚ました。泡立つような音が聞こえる。

何の音だろうかと確かめてみると、キッチンに置いてあったコーヒーメーカーのタイマーがセットされ、コーヒーを淹れはじめていた。そこに立てかけてあったカードにはこう書かれていた。

あなたのお好きなブランドのコーヒーです。どうぞお楽しみください。

キャシー

驚いたことに、そのコーヒーのブランドは私がいつも飲むものだった。

どうやって彼らは、私の好みのコーヒーを知ることができたのだろうか？　そういえば心当たりがあった。昨夜のレストランで、どのブランドのコーヒーが好きかと聞かれたのである。そのコーヒーがちゃんとここにあるのだ！

レストランでの会話の意味を理解したとき、ドアをそっとノックする音が聞こえた。私はドアのところに行き、開けてみたが、人影はなかった。しかし、じゅうたんの上には新聞が置いてあった。いつも読んでいるニューヨーク・タイムズである。

どうして私が普段読んでいる新聞を知ることができたのだろうか？

思い出せば、チェックインのときに、受付の女性に新聞のことを聞かれていた。ここでも、きっちりと私の好みに合ったサービスをしてくれたのである。

その後私の泊まるたびに、すばらしいサービスが繰り返された。

しかし、二回目以降は、私の好みについての質問はなくなった。つまり、私の好みはこのホテルの管理システムの一部に組み込まれていたのである。そして、ホテルのサービスに失望させられることは一度もなかった。

ホテルベネチアの管理システムは、私のお気に入りのものを知っていて、それをいつも確実に提供していたのである。

このシステムが提供していたものとは、何だったのだろうか？

マッチ、ミント、コーヒー、新聞だろうか？

大切なことは、マッチ、ミント、コーヒー、新聞ではない。**誰かが私のことを考えていてくれる**ということなのである。そして「**いつも**」考えていてくれるのである！

私は部屋に入って、暖炉の火の温かみを感じた瞬間、誰かが私のことを考えてくれていることを知った。私が何を望んでいるのかを考えてくれたのである。

枕元のミントも、テーブルのブランデーも、好みのブランドのコーヒーも、いつも読んでいる新聞も、すべて私が何を望んでいるかを考えてくれた結果なのである。

そして、すべてが自動的に行われていた。

これらは、マーケティングの効果を高めるためのマニュアル的な業務となっており、ホテルの管理システムの一部となっていたのである。

三度目に宿泊した後、私はマネジャーに会わせてほしいと頼んでみることにした。どうして、常に同じサービスが提供されるのかを知りたかったからである。

従業員が優秀だからだろうか？

従業員は株主になっているのだろうか？

特別なボーナスの仕組みでもあるのだろうか？

システムが顧客を満足させる

私は杉林を見下ろす明るい部屋に通された。マネジャーは二十九歳の若い男性だった。

「若いのにしっかりしている。彼がいるから、このホテルの経営はうまくいっているのだろう」私はこんな第一印象をもった。

「私がマネジャーとして、このホテルでご提供しているサービスについてお話しするのは、正直申し上げて僭越《せんえつ》かもしれません」彼は、少し決まり悪そうに切り出した。

「五カ月前まで、私とホテルの接点といえば、三年前にフレズノ市のホリデイ・インに二晩泊まったことがあるだけでした。実は、この仕事につく前には、近くのレストランでシェフとして働いていたのです。ふとしたきっかけで、このホテルのオーナーと知り合い、ホテルの仕事を覚えないか？という話をいただいて、ここで働くことになりました。私がホテルの事業について知っていることは、すべてここで学んだことです」

「こちらをごらんください」

彼は机の後ろに手を伸ばし、彼のイニシャルとホテルのロゴが背に印刷された赤いバインダーを取り出した。

「私たちがやっているのは、何も特別なことではありません。誰にでもできることです」

彼はバインダーを開き、目次を開いた。

「これが私たちの**業務マニュアル**です。ごらんの通り、普通のチェックリストです。客室のセッティングについてのチェックリストはこの部分です」と言って、黄色いページを開いてくれた。

「この**マニュアル**は色分けがされています。黄色いページは、客室のセッティングに関するもの、青いページは、お客さまへのサービスに関するものです。例えば、夜に暖炉の火をつけるときには、枕元にミントを置くこと、などが書かれています」

「チェックリストには、客室係が仕事をするときの具体的な手順が箇条書きにまとめられていて、出勤したときに八組のチェックリストを受け取ります。客室係は一晩に八部屋を担当するので、一組のチェックリストが一部屋に対応しているというわけです」

「客室係が作業をするときには、チェックリストの基準通りに仕事を行ったことを確認しなければなりません。そしてごらんの通り、リストの一番下には規定の作業を完了したことを示す、客室係のサイン欄が設けられています」

「サインをしているのに、仕事ができていなければ、解雇することもできるのです」

「その他にも、このシステムをうまく機能させる仕組みがあります」

「チェックリストの表面は共通なのですが、裏面には部屋の間取り図が書いてあるので、部屋ごとに変えてあります。間取り図の中には、するべき仕事とその順番が書き込まれているので、間取り図を見ながら仕事をし、終わるたびに間取り図にチェックを書き込んでいけば、どこまで仕事が終わったのか一目瞭然というわけです」

「チェックシートに間取り図があるおかげで、新人の教育も簡単にすませられますし、すぐにベテランと同じような成果を上げられるようになります」

「さらに、念には念を入れる意味でも、客室係の責任者が抜き打ちでチェックを行っているので、不十分な点があったとしても指摘ができるのです」

彼は少し間を置き微笑んだ。「でもミスはほとんどありません。このシステムは、驚くほどよく機能しています」

「従業員がスムーズに仕事を進められる仕組みがあることが、私たちのホテルのよいところかもしれません。ほかにも照明、サウナ、プールは季節に合わせてコンピューター制御されているので、いつもお客さまに同じサービスを提供することが可能です。もうお気づきだと思いますが、外灯はあたりが暗くなるにつれて、照度が増すようになっているので、お客さまには常に同じ明るさを提供できるのです。これも自動制御なので、従業員は他の仕事に専念することができます」

「例をあげればきりがありませんが、要点はご理解いただけたでしょうか？　ホテルベネチアでは、オーナーが『こうすればお客さまに喜んでいただける』と考えたことが、きっちりと実行されているのです。そのため多くのお客さまが、私たちのサービスにご満足していただき、出発の際にわざわざ私のところにご挨拶にいらっしゃるのです」

「とはいっても、私たちはそれほど大がかりなサービスを行っているわけではありません。お客さまが褒めてくださるのは、ちょっとした心配りに対してなのです」

私はマネジャーの話のすべてを理解した。おそらく彼の言う通りなのだろう。

でも、まだ納得できない部分が残っていた。「どんな方法で客室係がきっちりとチェックリストを使うまでに教育したのですか？　それに、いつも同じ仕事ばかりでは、退屈しないのですか?」と、私は尋ねた。
「そこが私たちの強みなのです」と若いマネジャーは笑顔で答えた。

16 事業とはゲームである

ステップ⑤ 人材戦略

「思い通りに従業員に働いてもらうには、どうすればよいのか？」これはスモールビジネスの経営者から、よく受ける質問である。

私はいつも「それは無理だね。従業員を思い通りに働かせるなんてできっこないよ。まずは『働く』ほうが、自分のためになるんだと思える仕組みをつくることだね。『成果を上げる』ことにやりがいを感じるような仕組みをね」と答えている。

自分がよく聞かれる質問だけに、私はホテルベネチアのマネジャーの答えに興味をもっていた。

「どうすれば、あなたの思い通りに従業員を働かせることができるのか？」

彼の答えは型破りで、私にも新鮮なものだった。

「最初に驚いたのは、オーナーが私のことを真剣に考えてくれたことでした。私はホテルについて何も知らない新入社員でしたが、オーナーは重要な経営課題も相談できる一人前の社員として扱ってくれました」

「次に驚いたのは、ホテル経営に対するオーナーの真剣さでした。もちろん前の職場でも、みんな仕事に真剣でしたが、彼の真剣さは違っていました。話しぶりから、彼はホテルベネチアを、ホテル以上に何か大切なものだと考えていることが伝わってきました。ホテルという事業を通して、自分の信念や価値観を実現しているように思えたのです。それを知りながら、仕事の手を抜けば、彼の信念や価値観を否定することになってしまいます」

「ここで働きはじめた初日のことは、はっきりと覚えています。会社に入ったというよりも、仲間に加わったという感じでした。この部屋は、もともとオーナーが使っていた部屋で、私が初日に彼と話したのもここでした。ちょうどあなたの場所に私が座り、彼は私の場所に座っていました」

「連休明けの月曜日でしたから、今から思えば忙しい日だったと思います。そんな日に新入社員がやってきたら、さっと仕事の内容を説明して、現場に出してしまうのが普通でしょう？　でも、オーナーは違いました。まず『コーヒーでもどうだい？』と聞いてくれたのです。その口調はとても穏やかだったので、彼は時間にゆとりのある人なのかと思いました。あとでわかったことですが、彼はとても多忙な人でした。しかし、それを感じさせない気配りのできる人だったのです。

「特に印象に残っているのは、仕事に対するオーナーの姿勢です。私は新入社員なのに、その私と話し合うことが、彼にとって最も優先度の高い仕事だという態度で接してくれたのです。私を雇ったのは、単なる労働力としてではなく、もっと大切な何かをしてもらうためなのだという気持ちを感じることができました。そして、彼は聞いたことがないような話を聞かせてくれました」

「仕事は、人間の心を映し出す鏡なんだよ。仕事が粗雑な人間は内面も粗雑だし、退屈そうに仕事をしている人間は、仕事に退屈しているのではなく、自分自身に退屈しているんだ。つまらない仕事でも、芸術家が手がければ芸術品に仕上げることができる。仕事というのは自分の心の状態を映し出すものなんだよ」

まるで彼を通してオーナーが話しているかのように、マネジャーは続けた。

「嫌な仕事なんて、そもそも存在しないんだ。仕事が嫌な人間がいるだけのことさ。嫌な仕事をやらされることになれば、言い訳を探したがるからね。そういう人間は仕事のことを、自分を試すチャンスとは見ずに、自分に与えられた罰だと考えてしまうんだよ。従業員がそんなことを考えれば仕事はつまらなくなってしまうし、顧客から見て魅力的なホテルに思えるはずがない。これでは、ホテルベネチアが目指す方向とは正反対になってしまう」

「このホテルが他と違うのは、従業員に選択の機会を与えているところです。というのも、仕事にとりかかる前に、その背景にある経営理念を理解しているかどうかを、いつも確認しているのです。だから私はここで働いてみようと思ったのです」

「オーナーは私に三つのことを話してくれました。一つ目は、お客さまはいつも正しいとはかぎらないが、正しいかどうかにかかわらず、お客さまを満足させるのが私たちの仕事だということ。二つ目は、すべての従業員は、与えられた仕事でベストを尽くすように期待されていること。それが難しければ、やめてもらわざるを得ません、と。三つ目は、知識や経験をフルに活用して、未知のものに取り組むことこそが事業であり、新たな挑戦があるからこそ成長するチャンスがあるのだ、ということ」

「オーナーは、事業とは自分を鍛練する道場のようなものだと考えています。道場での戦いは、敵との戦いではなく、**自分自身との内面的な戦い**なのです」

「ここでは、ホテルという事業内容よりも、オーナーの経営理念のほうが大切だと思います。オーナーの経営理念を実現できれば、ホテル事業は必ず成功するはずですから。だから彼は、仕事以上のものを追求する人間を集めたいと考えているのでしょう」

事業とはゲームである

事業とはゲームのようなものである。従業員は毎日の仕事の中で、挑戦を重ね、自分を高めることができる。経営者の仕事は、ゲームのルールをつくることである。よく考えてルールがつくられているほど、ゲームは面白くなり、従業員の意欲を高められる。業績のよい企業は、ゲームのルールづくりに成功しているといえるだろう。

この章の初めに、「思い通りに働いてもらうには、どうすればよいのか?」と書いたが、適切なルールをつくることで、従業員を動機づけ、思い通りに働いてもらうことができるようになる。彼らをゲームに引き込むためには、まずゲームのルールをうまく伝えて、その面白さを理解してもらわなければならない。

ゲームのルール

どんなゲームでも同じだが、事業というゲームで成功するためには、ルールを知ることが必要である。参考までに、一部を紹介しよう。ほかにもルールはあるが、それは自分で見つけ出してほしい。

1　従業員に何をやってほしいのかを考えずに、まずゲームをつくろう

従業員を働かせることばかり考えると、ゲームとしての魅力がなくなってしまう。

2　自分でもやりたくないゲームを従業員に押しつけてはいけない

あなたの魂胆は、従業員に見抜かれてしまうものである。

3　ゲームは長い間、楽しめなければならない

事業の終わりとは倒産を意味する。つまり、事業というゲームに終わりはないのである。けれども、毎日のように続く仕事に、勝利の喜びがなければ、従業員は疲弊してしまう。ときどき勝利の喜びを感じさせることは、ゲームへの集中力を保つためにも必要である。

4　ゲームをときどき変化させよ。ただし戦略は変えてはいけない

戦略はゲームの本質なので変えられないが、ゲームには変化も必要である。どんなゲームでも、いずれ飽きるときはやってくる。

従業員を観察していれば、そのタイミングはわかる。経営者の仕事は、従業員がゲームに飽きはじめた兆候を察知し、先回りしてルールを変えることである。ルールの変更に反対する従業員がいるかもしれないが、辛抱強く説得することで、新しいゲームへと引き込むことができるはずである。

5 ときどきはゲームのルールを思い出させる

最低でも週に一度は、ゲームに関するミーティングが必要だ。ゲームを始めたころの従業員は夢中になってくれるが、目の前の仕事に追われるうちに、ゲームのことを忘れてしまう。どれほど出来のよいゲームでも、時間がたつにつれて、忘れられてしまうものなのだ。

経営者の仕事は、従業員にゲームを思い出させることである。何度繰り返しても、多すぎることはない。

6 ゲームに意味を与える

意味のないゲームでは、従業員を引きつけることはできない。ゲームの存在意義を明らかにすることで、従業員のやる気を高めることができる。経営者の仕事は、ゲームの意味を従業員に広めることである。

7 ときには楽しみも必要である

「ときには」と書いたが、ゲームがいつも楽しい必要はない。実際のゲームでは、楽しくない部分も多い。そんなときにも表情に出さないのが経営者の仕事である。とはいっても、ゲームには楽しみも必要である。従業員の立場から、何が楽しみなのかを考えてみよう。半年に一度ぐらいの頻度で十分である。待ち遠しく感じるが、ともすれば忘れてしまうようなものでよい。

8 よいゲームを思いつかなければ、盗め!

世の中によいアイデアはたくさんある。よいものが見つかれば、盗んでもよい。ただし盗んだ後には、自分のものとしてつくり直すこと。従業員は、他人のアイデアのコピーだということを簡単に見抜いてしまう。

ゲームに意味を与える

ホテルのマネジャーにとって、オーナーがつくったゲームは面白いものだった。彼がすぐに熱中したのは、オーナーがゲームに対して、次のような意味づけをしていたからだった。

現代人の大半が欲求不満に陥っている。仕事、家庭、宗教、政府、すべてに対して不満で仕方がない。そしてさらに悪いことに、自分に対しても不満を感じている。

私たちの人生には、目的や人間らしさが欠けているのではないだろうか？　そして、**挑戦する価値のあるゲーム**を見失っているのではないだろうか？　その結果、現代人は孤独を感じ、音楽やテレビやアルコールに気晴らしを求めるようになった。

また、現代人はモノを探し求めている。着るモノ、遊ぶモノ、虚しさを埋めるモノ、人生に意味を見出せるモノ。かくして、現代は物質社会となってしまったのである。

このような社会で人間らしさを保つためには、同じ目的や価値観を共有する人たちのコミュニティが必要である。コミュニティでは、共通の目的に向かって固い結束で結ばれている。コミュニティとは、失われた故郷のようなものなのである。

これは事業でも実現できることではないだろうか？

事業を立ち上げること、そして**挑戦する価値のあるゲーム**をつくることによって、事業というコミュニティをつくることは十分に可能である。そしてコミュニティは誠実さ、意思、ビジョンといった理念が、言葉だけでなく実践される場となる。

これが実現すれば、あなたの事業は、顧客にとって忘れられないほど強い印象を与えるものになるだろう。

ゲームの進め方

ゲームをつくった後に、どのようにして従業員に広めるのか？　これは非常に重要なプロセスである。ホテルのオーナーは、自分の経営理念を文書としてまとめ、それを魅力的な態度で従業員に伝えた。従業員に接客のマナーを教えるためには、まず経営者が従業員に対して魅力的な態度で接しなければならない。伝達する**手段**は伝達する**内容**と同じくらい大切なのである。

ホテルベネチアでは、採用活動が、経営者の理念を伝えるうえで最も重要な手段となっていた。マネジャーの説明によれば、採用は次のような手順で行われていた。

1　会社説明会では、きっちりとした台本を準備して、オーナーの経営理念を伝えるプレゼンテーションを行う。その他に、経営理念を実践することで成功を収めてきたという会社の沿革や、従業員に求められる資質についての説明も行う。

2　応募者との面接を行う。経歴と業務経験だけでなく、オーナーの経営理念について議論を行う。また、自分が適任だと思う理由も聞いてみる。

3　採用者に対しては、電話で連絡する。電話で話す内容にも、台本が必要である。
4　不採用者に対しては、郵送で連絡する。面接担当者の署名をつけて、ホテルベネチアに関心をもってくれたことへの感謝の気持ちを伝える。
5　新入社員を受け入れる初日のオーナーと新人の仕事は次の通りである。
・オーナーの経営理念をもう一度確認する。
・経営理念を実現するためのシステムを紹介する。
・ホテル内部を案内する。システムと従業員の仕事が密接に関係していることを強調しなければならない。
・新入社員からの質問を受け付けて、しっかりと答える。
・制服と**業務マニュアル**を支給する。
・**業務マニュアル**、戦略的目標、組織図、役職契約書の内容を確認する。
・雇用関係の書類を完成させる。

このようにして雇用関係は始まる。事業をシステム化するということは、非人間的なものではなく、人間性を重視したものだということが理解できただろうか？　従業員に思い通りに働いてほしいのなら、まずはその環境を準備しなければならない。また従業員を引きとめるためにも、人間性への理解が必要なのである。

そして経営理念がすべての基本にあることを理解できただろうか？　経営理念がなければ、従業員の問題を考えることなどできないのである。

経営理念、システム、従業員。これらの要素が、サラの頭の中でつながりをもって理解されはじめたようだった。当初、彼女が見せていた戸惑いや疑いの表情は消え、「職人」だったころには考えさえしなかったことを理解したようだった。

「マネジメントについて、もっと教えてもらってもいいかしら？」サラは言った。

「あなたは以前に、私の事業を成長させるためにマネジャーはいらない、って言ったわよね？　経験豊かなマネジャーを雇うことの何がいけないの？」

「あらゆる意味でだめなんだ、サラ！」

「マネジャーの仕事内容も決まっていないのに、どうやって採用したり、管理したりするつもりなんだい？　僕がマネジャーを雇うべきでないというのは、彼らは他の会社で教えられた基準にしたがって仕事をするからなんだ。それはきみの基準とは違う」

「放棄と委任という言葉を覚えているかい？」

「会社を成長させるというきみの責任を委任することは、放棄することと同じことなんだ。きみは、株主として、社長として、営業担当の副社長として、財務担当の副社長として、事業に対して全面的に責任を負わなければならない。そのためにはきみ自身が、自分の望む方向に会社を導かなければならないんだよ」

「きみの仕事の中で大切なことは、ビジョンを実現するために従業員を動かすシステムをつくることなんだ。マネジャーはこのシステムを使って仕事をしてくれる。きみに必要なのは、システムを管理する方法を学んで、それをきっちりと運用してくれる人なんだ」

「言い換えれば、きみのつくったゲームに参加したいという人が必要なのであって、自分でゲームをつくりたいという人ではないんだよ。だから、きみがゲームのルールを考えなければならない。それが従業員を動かすシステムの基礎になるからね」

「でも、マネジャーの仕事は、従業員を管理するだけじゃない。システムがきっちりと運用されていることも、管理しなければならない。それには四つのチェックポイントがあるんだ」

「一つ目は、**それ**をどう実行するのか？」

「二つ目は、**それ**を実行するために、どのようにして雇用し、教育するのか？」

「三つ目は、**それ**をどう管理するのか？」

「四つ目は、**それ**をどう変えるのか？」

「『それ』とは、**顧客への約束**のことだよ。フェデラルエクスプレスなら、『必ず翌日配達します！』だし、きみのお店なら『思いやり』さ」

「電話に出たときに、『思いやり』を表現するにはどうする？」

「パイをオープンから取り出すときに、『思いやり』を表現するには？」

「顧客からお金を受け取るときに、『思いやり』を表現するには？」

「**業務マニュアル**には、こういった質問に対する答えが書かれることになる」

「ホテルベネチアの例からわかるように、ライバルとの差別化をするのは、システムなんだ。システムがなければ、安定した商品やサービスを提供することはできない。きみがお店を四軒もったときに、それぞれの店のマネジャーが好きなように経営している様子を想像してごらん？　四軒のお店に一貫性がないというのは、決してよいことじゃないよね？」

「考えるだけでも嫌になるわ」サラは答えた。

「システムの大切さをわかってくれたみたいだね。でも、これにマーケティングの視点を付け加えればもっと効果的になるんだよ」

17 ステップ⑥ マーケティング戦略
顧客の言葉を学ぶ

マーケティングは、顧客に始まり顧客に終わる。

マーケティングの問題を考えるときには、あなたの夢やビジョンは一度頭の片隅にしまいこんで、顧客のことに専念しなければならない。**なぜならあなたが望むものよりも、「顧客が望むもの」のほうが大切なのである。**

そしてたいていの場合、「顧客が望むもの」についてのあなたの**想像**は外れてしまう。

理不尽な顧客

顧客を思い浮かべてほしい。目の前に立っていて、不機嫌な様子でもなく、にこやかな様子でもない。あなたの店や事業に対して中立的な感情をもっている。

しかし、顧客の様子は少し変わっている。額の部分からアンテナが出てきて、天井に向かって伸びていく！　そしてアンテナの先にはセンサーがついている。

顧客のセンサーが記録するのは、あなたのお店やオフィスの中で感知できるすべての情報——色、形、音、におい——である。

センサーは、あなたの情報も集めている。立ち居振る舞い、髪の色、髪型、表情——顧客に気を配っているか？　話すときに目を合わせているか？——スラックスの折り目は？　靴は磨かれているか？　すり減っていないか？

購買プロセスの最初の段階として、センサーは周囲のあらゆる情報を記録しているのである。

重要なのは、集められた情報が次にどのように処理され、購買の判断に活用されるのかである。この本ではセンサーを顧客の「意識」と呼ぶことにしよう。

「意識」の仕事は、購買の判断に必要な情報を集めることである。この作業はほとんど無意識のうちに行われるので、顧客はコントロールできない。実は顧客の「意識」が購買の意思決定を行うわけではないので、あなたは顧客の「意識」について敏感になる必要はない。

購買の意思決定を行うのは、あらゆる行動の原点となる顧客の「無意識」である。

無意識とは、広大で深く暗い海のようなものである。海の中には、さまざまな種類の不思議な形をした生き物が泳いでいる。本人にとってさえ未知の場所である「無意識」という海を泳ぐ不思議な生き物は、顧客の「期待」である。「期待」とは、顧客のこれまでの人生の蓄積によってつくられた価値観といえる。顧客は「期待」という生き物を通して自分の望む食べ物（＝商品）を手に入れるのである。

意識の仕事は食べ物の存在を探知することである。食べ物が期待に沿うものなら、「無意識」がイエスと言い、期待に沿わなければノーと言う。さらにこの決定は、瞬間的に行われているのである。

テレビのＣＭでは、最初の三〜四秒で売れるか売れないかが決まる。

印刷物の広告では、購買の意思決定の七五％が見出しだけで行われる。

実演販売では、最初の三分で売れるか売れないかが決まる。

心理学から見てクライマックスといえる購買決定の瞬間以降、「無意識」は「意識」に情報を伝達する。そして意識は、無意識が行った決定についてのもっともらしい理由づけを行っているのだ。

これが購買の意思決定のプロセスである。理不尽だとは思わないだろうか？ 買い物で、合理的な意思決定を行う人間など、そもそも存在しないのである。顧客が「ちょっと考えてみるよ」と言っても、信用してはいけない。

顧客は、考えるつもりなどないし、無意識をコントロールすることなどできないのである。「買うか買わないのか、もう一度考えてみよう」と言いながらも、すでに考える作業を終えてしまっているのだ。

「ちょっと考えてみるよ」と言う顧客の内心は、店員の前では本音が言いづらいのか、もしくは顧客の期待が求める「商品」がお店に置いていなかったのかである。

いずれにせよ、購買の意思決定に思考が入る余地はなく、瞬間的に行われる。あなたと会うずっと前から、結論は出されているのである。

マーケティング戦略の二本柱

そこで疑問がわいてくる。「顧客でさえ、自分の欲しいものがわからないのに、どうして私が知ることができるだろうか？」

この難題を解決するのが、顧客の属性分析と心理分析である。顧客が誰なのかを知っていれば（＝属性分析）、なぜ購買するのかを理解できる（＝心理分析）。この二つを理解することで、顧客の無意識のニーズを科学的に満たすことが可能になるのだ。

二つの手法を、マーケティングに活用した事例を紹介しよう。

本書のカバーには濃いブルーが使われている（訳注：原書の表紙には濃いブルーが使われている）。これはＩＢＭのシンボルカラーになっていることから、「ＩＢＭブルー」と呼ばれている。

どうしてＩＢＭは、ブルーを選んだのだろうか？　なかでもどうしてこの色合いを選んだのだろうか？

それは顧客の属性分析を行った結果、濃いブルーがＩＢＭのターゲット顧客に対して、強い訴求力をもつことがわかったからである。つまりＩＢＭが狙う顧客層は、同じ色合いのブルーを見た瞬間に好感をもってくれる。英語には「トゥルーブルー」（訳注：「信頼できる人」の意味）という表現があるが、まさにＩＢＭブルーこそが、信頼感を勝ち得る色なのである。

もしＩＢＭがブルーではなくオレンジ色を選んでいたら、どうなっただろうか？

ＩＢＭがターゲットとする顧客層に対して、オレンジ色は訴求力が弱く、ＩＢＭはこれほど成功を収めることはなかったかもしれない。

想像力を働かせれば、色彩の違いが与える影響を簡単に理解することができる。

誰かが、紺色のスーツを着ている姿を想像してほしい。紺色のスーツには細いストライプが入っている。きっちりとプレスされたズボン、糊のきいた白いシャツ、赤と青のストライプのネクタイ、よく磨かれたウィングチップの靴。

こんな人物を見て、あなたはどんな印象をもつだろうか？　実直で信頼できる人物だと思うだろうか？

もちろんその通りである。ある研究によれば、ビジネススーツで最も効果を発揮するのは紺色だという結果が出ている。

では、今想像したのと同じ人物が、オレンジ色のスーツを着ている姿を想像してほしい。仕立てのよい高級なスーツで、真っ白なシルクのシャツと緑と白のストライプのネクタイをコーディネイトしている。胸元には、二カラットもあろうかというダイヤモンドのネクタイピンが輝いている。

どんな人物を思い浮かべることができただろうか？　急いで想像したほうがよい。こんな人物はビジネスの世界からすぐに姿を消してしまうのだから！

重要なことは、二人の印象を決めるのは彼ら自身ではなく、あなたであるということだ。あなたの無意識は瞬間的に「紺色のスーツを着た人間となら一緒に働きたいが、オレンジ色のスーツの人間とは、そう思わない」という結論を出してしまう。

人が無意識にもっている期待や価値観を変えることは不可能なのである。そう考えると、提供する商品やサービスに合う価値観をもった人を探すほうが効果的ではないだろうか？

そこで属性分析を行い、年齢、学歴、家族構成、地域といった顧客グループの価値観を知り、心理分析によってその価値観を満たす方法を決定するのである。

顧客のことを知らないままに、事業の試作モデルをつくるということは、リスクの高い賭け事と同じくらい無謀であることが、理解していただけただろうか？

マーケティングの考え方を導入するだけで、スモールビジネスは変化する。今まで幅をきかせていた経営者の思い込みや的外れな努力がなくなり、顧客データの収集、アンケート調査、さまざまなキャンペーンなどが始まるのである。これはどんなスモールビジネスでもできることであるし、すべてのスモールビジネスが取り組むべきことなのだ！

ＩＢＭ、マクドナルド、フェデラルエクスプレス、ウォルト・ディズニーといった成熟企業が同じことをやっているのに、あなたの会社が手を抜いてよいはずがない。むしろ、スモールビジネスだからこそ、もっと真剣にマーケティングに取り組まなければならないのである。

現代は「容赦のない時代」である。あふれる情報や商品に顧客は目を奪われ、優柔不断になっている。スモールビジネスの経営には、向かい風の吹く時代である。

「容赦のない時代」に生き残るためには、顧客の言葉を学ばなければならない。そして、情報過多という騒音の中でも、はっきりと顧客の言葉で呼びかけなければならない。顧客は、あなたの言うことが聞こえなければ、通り過ぎてしまうからだ。

ここまで読んだあなたは、苛立ちを感じているだろう。頭の中を疑問が渦巻いているのではないだろうか?「属性分析や心理分析はどうすればいいのだろうか?」「色や形はどう決めればいいのだろうか?」「どんな言葉を使えばいいのだろうか?」

こんな疑問を感じれば、あなたの思考は変わりはじめた証拠だ。

この本の目的は、すべての疑問に答えることではない。スモールビジネスの経営に関する問題を提起することが目的なのである。

「やり方」ではなく、「やるべきこと」を提示できれば、十分だろう。

とはいっても、この本にはまだ続きがある。事業発展プログラムには、もう一つのステップが残っている。あなたのつくった事業の試作モデルを組み立てるときに接着剤の役割を果たす「システム」についてである。

「あなたが『やり方』を話したくないのはわかってるわ。でも、くわしい話を聞かせてもらわないかぎり、このお店を出られないわよ」サラは冗談めかした調子で言った。「属性分析や心理分析といっても、どうすればお客さんの特徴を知ることができるのか、さっぱりわからないのよ」

私はこう答えた。「じゃあ、今のきみのお店を例に考えてみようか。われわれが、きみの事業について知っていることといえば、きみのお店にはファンがいること。きみが話してくれたお店の未来図は、これまでのお店の延長線上にあること。そして将来のお店で、きみが伝えたいと思っている『思いやり』の気持ちは、今でもきみの心の中にあって、おいしいパイやお店の雰囲気からも伝わってくる、ということかな?」

「だとすれば、今日来てくれたお客さんは、きみの『思いやり』という経営理念に無意識のうちに共感してくれている人じゃないかな? 彼らは今でさえ、きみの店で買い物をしてくれるんだから」

「きみが最初にするべき質問は、彼らは誰だろう、ってことだよ」

「私の経営理念に共感してくれるお客さんはどんな人だろう？　どんな属性をもった人たちなんだろう？ってね」

「この質問に答えるには、彼らに聞いてみればいいんだ」

「パイを無料でプレゼントする代わりに、アンケートに答えてもらうというのはどうだい？プレゼントするパイは、情報に支払うお金だと考えればいい」

「どうせなら、地理的な分析や心理的な分析に使えるデータも集めたほうがいいね。というのも、アンケートなら、好みの色や好きな言葉、普段使っている香水、車、服、食べ物のブランドも聞ける。そうすれば、他の会社——きみの顧客に商品を売ることに成功している会社——が、広告や宣伝を通してどんなメッセージを送っているかがわかる。こんなふうにして、きみがターゲットとしている顧客のことを知って、その人たちに来店してもらう方法を考えればいいんだよ」

「店に来たことがない人について、どうすればいいかって質問かい？　それはきみのお店の営業エリアに住んでいる人たちの名簿を手に入れればいいんだ」（訳注：米国では日本と

比較して、名簿の売買が頻繁に行われており、購入した名簿をもとにダイレクトメールが発信されることが多い）

「つまり、今のお客さんにアンケートをすれば、彼らの住所がわかるよね？　地図に書き込んでみると特定のエリアに集中するはずだから、それをきみのお店の商圏と考えるんだ。おまけにアンケートからは、特定の性別や年齢、趣味の人が多いこともわかるはずだから、商圏の中に住む人でも、現在の顧客に近い属性の人たちのリストを買えばいいんだよ」

「これで『やり方』についての質問には答えられたかな？」私は少し皮肉っぽく言った。

「ちょっと、たくさん宿題を出しすぎたかもしれないね。もし、質問に答えられたのなら、『やるべきこと』についても話してもいいかな？」

「マーケティングの方法自体は、そんなに難しいものじゃない。むしろマーケティングについてきっちりとゼロから考え直すことのほうが難しいんだ。これこそが『やるべきこと』だよ」私は続けた。「スモールビジネスの経営者はマーケティングの問題を『常識的にはこうするべきだ』と言って、簡単に片づけてしまう。でも経営者の『常識』は、単なる『思い込み』にすぎないことが多いんだ。僕に言わせれば、マーケティングと呼びながらも、何も情報を集めないまま、経営者の思い込みに頼っているのが大半だよ」

「だから会社のロゴを決めるときにも、気軽に近所の印刷屋に頼んでしまう。近所の印刷屋には、顧客の心理に働きかけるようなロゴをデザインするノウハウなんかないから、印刷屋の奥さんの好みで決まってしまうことになる」

「サラ、きみにはマーケティングだけでなく、会社を経営するうえで必要なものにもっと興味をもってほしい。いろいろなことを勉強する中で、『やるべきこと』がわかってくるんだ。マクドナルドやディズニーやウォルマートといった大企業が、マーケティングにどれくらいの費用を投じているか知っているかい？　ペプシコやアメリカン・エキスプレスが自社のブランドを周知させるためにどれほど時間をかけてきたか知っているかい？　ちょっとした不祥事で、ブランドを失墜《しっつい》させるのは簡単だけど、それを取り戻すためには、多大なコストが必要なんだ」

「きみの会社は小さいから、マーケティングに大金を投じる体力はないと思う。でも、マーケティングの問題に、じっくりと時間をかけ、知恵を絞ることはできるはずじゃないかな？」

「これが経営者の本当の仕事なんだ。戦術的な仕事ではなく、戦略的な仕事ということさ。きみが毎日の雑用に追われていれば、マーケティングという戦略的な課題について考える時間もエネルギーもなくなってしまう」

「経営者の仕事は、マーケティングの問題を考え続けることなんだ」

「マーケティングを言い換えれば、『顧客が、他の店ではなく自分たちの店を選ぶために、自分たちの事業はどうあるべきか?』だといえる。こう考えれば会社でのすべての仕事がマーケティングだと思わないかい?」

「例えば、顧客に対して『この店では幸福感を提供します』という約束をするとしよう。この『約束』で、顧客をお店の入り口まで引き寄せて、ドアを開けた人には、声をかけてみる。そして、顧客が店を出るまでに、『約束』を果たす」

「この約束がどれくらい確実に守られるかによって、顧客が繰り返し来店してくれるかが決まるんだ。あらたに顧客を獲得するよりも、同じ顧客に何度も買ってもらうほうが、マーケティング費用の面でも安上がりだから、リピート率を高めることは、どの会社にとってても重要なことなんだ。だから同じようなことをマクドナルドも、フェデラルエクスプレスも、ディズニーもやっているんだよ」

「営業、製造、財務を担当する副社長には、それぞれの仕事があるけど、三人には『顧客が望む約束をし、営業エリアの中で最も確実にその約束を果たす』という共通した目的があるんだ。会社を経営するかぎり、これを続けなきゃならない。そして常にライバルが『約束』できないようなことを『約束』し続けることが、三人の副社長をまとめる社長の仕事なんだよ。わかってくれたかな?」

「わかったわ」サラは言った。

「じゃあ最後の部分に進もうか。これまでに話したことを、すべてまとめるのがシステムの役割なんだ。システムについて一緒に考えてみよう」

18
ステップ⑦ システム戦略
モノ、行動、アイデア、情報を統合する

システムとは何かをきちんと定義しないまま、今までの話を進めてきたが、この章を始めるにあたって定義をしておこう。

システムとは、相互に作用するモノ、行動、アイデア、情報の集合体である。そして相互作用を繰り返す中で、他のシステムへの働きかけも行う。

要するに、世の中のすべてがシステムである。宇宙、世界、サンフランシスコの街、私の働くオフィス、私の使っているパソコン、私の飲んでいるコーヒー、私とあなたとの関係――すべてがシステムなのだ。

それでは企業の中にあるシステムを見てみよう。

三種類のシステム

企業には、ハードシステム、ソフトシステム、情報システムの三種類がある。ハードシステムは、いわゆる「モノ」である。私の机やその上に置かれている電話機はハードシステムである。

ソフトシステムは、ひとことで言えば「考え方」である。これまでに紹介した業務マニュアルやホテルの管理システムもソフトシステムの一つである。

情報システムは、ハードやソフトのシステムについての情報を提供するもので、会計や在庫管理のシステム、営業担当者の活動記録などがその例である。

事業発展プログラムでは、イノベーション→数値化→マニュアル化の作業を行うだけでなく、三種類のシステムを統合しなければならない。まず三種類のシステムの例を紹介したうえで、統合によってさらに効果を高める方法を説明しよう。

ハードシステム

私の会社の会議室には、打ち合わせで使うためのホワイトボードが壁面に据え付けられている。

顧客にアドバイスしているように、私たちの社内でも、内装や備品についての基準を設けている。色彩の基準から、黒板ではなくホワイトボードを使うこと、白いチョークではなく青いマーカーを使うことが社内のルールとなっていた。そして、内装についても、壁が色は白と決まっていた。

しかし、実際にホワイトボードを使いはじめると、色彩と清潔さの基準を両立することが困難になってしまったのである。

会議が終わった後には、社員は部屋を元通りに戻すというルールがあり、当然ながらホワイトボードを消す作業も含まれている。ここで問題となったのは、社員がホワイトボードを消さないことではない。彼らはきちんと消してくれた。ただ、早く仕事に戻ろうと慌てて消すために、ホワイトボード消しを周囲の壁にこすりつけて、白い壁を汚していたのである。その結果、せっかくの白い壁に青いマーカーのインクのしみが目立ちはじめた。

この問題に気づいた私たちは社内でキャンペーンを始めた。ホワイトボードに注意を促す張り紙をしたり、汚れをチェックするチームを結成したり、さまざまなことを試みた。しかし、結局のところ、インクのしみを防ぐことはできず、壁を何度も白く塗り直すか、黒板と白いチョークに戻すしか方法がないという結論に落ち着いてしまうところだった。

そこに当社の「汚れ防止システム」が誕生し、ホワイトボードを使いたいというニーズと、白い壁面をきれいに保ちたいというニーズを見事に両立させたのである。

システムといっても、大げさなものではない。とても簡単なもので、すべてのホワイトボードの周囲に透明なアクリル板をつけただけである。アクリル板でホワイトボードの周囲十センチ程度を覆うことで、名前の通り壁面の汚れを防ぐことになった。

たったこれだけの思いつきで、ペンキを塗ったり、汚れをチェックしたりする無駄な作業は不要となったのである。

これはハードシステムによる問題解決の一例である。システムさえ導入すれば、誰の手を煩わせることもなく、問題を解決してくれる。言い換えれば、従業員を本来の仕事に集中させることが、システムの目的なのである。

ソフトシステム

販売は重要な仕事である。そして販売するのは人間である。

ビジネスにたずさわっている人なら、「売り上げの八割は、二割の社員により達成される」という言葉を聞いたことがあるだろう。しかし、二割の社員がやっていて、八割の社員がやっていないことを知る人はあまりいない。

結論からいえば、**二割の社員はシステムを活用し、八割の社員はシステムを活用していない。**私は、販売システムというソフトシステムを活用することで、すぐに売り上げを数倍に伸ばした事例をたくさん知っている。

販売システムとは何か

販売システムとは、あなたと顧客の間のやりとりをマニュアル化し、次の六段階にまとめたものである。

1 販売プロセスの中で、顧客の意思決定に影響を与える重要なポイントを見つけ出す。
2 ポイントごとに、顧客の心をつかむための脚本を作成する。
(演劇のような脚本をつくってみるのだ!)
3 脚本に必要な資料や道具を準備する。
4 脚本を暗記する。
5 営業担当者にも脚本が演じられるように教育する。
6 顧客に合わせて脚本が変えられるようになるまで教育する。

ある人材紹介会社では、未経験の従業員に販売システムを使わせることによって、たった一年で売り上げを四倍にした。

ある広告代理店では、業界経験も営業経験もない社員に、このシステムを使わせることによって、二年間で売り上げを六倍にした。同様にあるスポーツクラブでは、導入後二カ月で月商が四〇％増となった。

事業内容がどんなものでも、この仕組みを導入することで、同様の成果を上げることは可能だと私は考えている。

売り上げを伸ばす販売システムの実際

販売システムとは、販売員と客との間のコミュニケーションを記した台本である。台本は、以下のステップから構成される。

1　アポイントメントをとる。
2　顧客ニーズを分析する。
3　解決方法を提案する。

1 アポイントメントをとる

電話で営業活動を行う場合、多くは電話をかける意味を理解していないために、最初からつまずくことになる。彼らの大半は、電話をかける目的は、顧客の品定めを行い、見込みがあるかを見極めることだと考えているようだが、それは間違いである。

電話をかける目的はもっと単純で、会う約束さえ取り付ければ十分なのである。アポイントメントを取り付けることで、次のステップである顧客ニーズ分析に進むことができる。

そのため、このステップでは、商品の説明をするよりも、商品のもたらす「価値」について説明し、顧客の無意識に働きかけねばならない。

例えば、次のように会話が進められる。

「こんにちは、ジャクソンさん。私はM社のジョニー・ジョーンズと申します。最近注目を集めている、財務管理の新しい手法をご存知ですか？」

「新しい手法って何のことだい？」

「それをお話ししたくて、お電話をさしあげたのです。少々お時間をいただけますか？」

ここでは、「財務管理」が顧客に提供する価値である。「管理」という言葉がポイントであり、短い電話の中で、ジャクソン氏の知らない新しいものがある（＝もっとよい管理の方法がある）ことを話し、ジョニーと会うだけでそれを知ることができる（＝効果的な管理ができるかもしれない）と伝えているのである。

この話を聞けば、ジャクソン氏は「ジョニーと会ってみようか」という気になる確率が高い。顧客に感情的な変化を起こさせ、訪問の約束を取り付けることがジョニーの仕事なのである。

ツボを押さえた台本を準備することで、約束を取り付ける確率を高め、顧客ニーズ分析のステップへと進むことになる。

2 顧客ニーズを分析する

最初の電話でジョニーはジャクソン氏の感情に働きかけることに成功したが、会ったときにもう一度繰り返す必要がある。

「ジャクソンさん、覚えていますか？　最初の電話で、財務管理の斬新な手法が登場して注目を集めているとお話ししましたよね？」

次に、ジョニーはジャクソン氏の期待に応える方法を話すことになる。

「これから、その手法についてお話ししたいと思っています。ついでに、弊社が開発した効果的な財務管理のツールをご紹介したいと思うのですが、いかがでしょうか?」

ジョニーは、二つのことを話して、見込み客の心の中に信頼感を築かねばならない。一つ目は、自社がこの分野に専門性をもっているということ。二つ目は、その力をジャクソン氏のために喜んで提供したいという態度を見せることである。

「ジャクソンさん、まず私たちの会社を設立した経緯からお話しさせてください。私たちは、効率的な財務管理ができずに困っている会社が多いことに気づきました。顧客本位で考えてくれる銀行は少ないですし、十分な知識をもった専門家も多くありません」

「御社でもきっと、お悩みだったのではないでしょうか? 弊社ではそんなお客さまのために、『財務管理システム』をつくりました。このシステムを導入することで、費用を抑えながら、金融機関との取引では優遇を受けることが可能です。話がうますぎるように思えるかもしれませんが、具体的な方法をお話ししましょうか?」

ジョニーはここで、ジャクソン氏の悩みを理解していて、自社の「財務管理システム」を使えば、**システム的**に解決できる専門的な知識をもっていることもアピールしている。

次に「財務管理システム」の概要と、それがうまく機能する理由を説明する。特にジャクソン氏の仕事や会社にどんな影響を与えるのかが、強調すべきポイントである。

「弊社の『財務管理システム』の特徴は、財務管理がうまくできない原因を明らかにするところにあります。最適な財務管理の手法はお客さまごとに違うはずです。お客さまのことをよく知るために、弊社の『資金運用に関するアンケート』にお答えいただけませんでしょうか？　お答えいただければ、御社の問題点は何なのかを把握できますので、後ほどご記入いただければと思います」

「アンケートが完成しましたら、社内の財務の専門家のグループに渡して、内容を確認し、『財務管理システム』に入力させていただきます。このシステムには長年にわたるさまざまな企業のデータが蓄積されています。この分析結果に基づいて、御社にとって最適な解決方法をご提案することになります。前にお話ししたように、優遇措置を受けながら、コストを抑えるという方法です」

「分析の結果は『財務調査報告書』という形式にまとめ、次回訪問するときにもっていきます」

「私たちのご提案する解決策が、御社に有益なものなら、それを実現するところでお手伝いさせてください。もし、お役に立てなかったとしても、また別の機会にお役に立てればと考えています」

「念のために申し上げると、『財務調査報告書』を作成するところまでは無料です。お客さまの役に立つことが、私たちの仕事ですから」

「一緒にアンケートに答えていただけませんか？　そのあとに財務分野での最新情報をご紹介しますので」

ここまで話せば、あとはアンケートを完成させ、財務分野の最新動向を話し、それが自社のサービスと密接に関連していることを伝えればよいのである。

顧客のニーズ分析は、報告書をもっていく日時の約束をすることで完了する。そのときに、価値ある**無料**の解決法をもっていること、ジャクソン氏がお金を払ってくれるかどうかにかかわらず、解決法を理解するためのサポートを惜しまないことを付け加えるのがポイントである。

ここまで完成すれば、ジョニーは販売プロセスの三つ目のステップである「解決方法を提案する」へと進むことになる。

3 解決方法を提案する

「解決方法を提案する」というステップは、最も簡単なものである。なぜなら、顧客ニーズ分析のステップですでに、見込み客からの不満を聞きだし、アンケートを分析することで、不満を解決する能力があることをアピールしているからである。

言い換えれば、ジョニーと知り合ったことで、ジャクソン氏は①顧客として丁重な扱いを受け、②プロのような財務管理ツールを駆使し、③自社の財務状況を改善することができるのである。しかも、それほどコストはかけずに、という条件つきである。見込み客にとって、これほど魅力的な話があるだろうか？

三つ目のステップでジョニーは、問題点の指摘、解決策の提示といった報告書の内容を詳しく説明する。

説明を終えたジョニーは、ジャクソン氏に次のように聞く。「ここで私たちがご提案した選択肢の中で、どれが御社向きだとお感じですか?」

そして答えを待つ。

めでたく顧客になってくれるのなら、関心のある問題について質問が投げかけられることになる。あとは契約を交わすだけである。

今回紹介したのは、財務管理というサービスを販売する会社であったが、本質的にはどんな商品・サービスを販売する会社であっても、販売プロセスの本質的な部分は共通である。

家具、コンピューター、花、ペット、プレハブ住宅などの商品を扱うさまざまな会社が、このプロセスをつくり、実行することで売り上げを伸ばすのを私は見てきた。

ただし、売り上げを伸ばすためには、常に同じ言葉と同じ方法が繰り返されなければならない。このプロセスを確立することで、あなたの会社は、営業担当者ではなく営業システムという資産をもつようになり、売り上げも安定するようになるのである。

さて、次では情報システムを導入することで、さらにソフトシステムの効果を高めることができる例を見てみよう。

情報システム

情報システムがソフトシステムとの相乗効果を発揮するためには、さまざまな情報を集めることが不可欠となる。ジョニーの会社の場合、次のような情報を集めなければならない。

①何回、電話をかけたか？
②何回、見込み客と電話がつながったか？
③何回、訪問することを提案したか？
④何回、訪問の約束を取りつけたか？
⑤何回、訪問したか？
⑥何回、顧客ニーズ分析の話をしたか？
⑦何回、顧客ニーズ分析のアンケートを完成させたか？
⑧何回、アンケート結果を分析したか？
⑨何回、解決方法を提案する打ち合わせを打診したか？
⑩何回、解決方法を提案する打ち合わせの約束を取りつけたか？

⑪何回、解決方法を示したか？
⑫何回、解決方法を販売したか？
⑬一社当たり平均いくらの売り上げを上げたか？

これらの情報は、データとして記録しておかなければならない（パソコンがなければ、手書きノートでも構わない）。これによって、プロセス単位での成果を検証できるのである。達成率の差を比較すれば、営業担当者の得意・不得意が見えてくる。また、電話をかけるコスト、訪問するコストを把握すれば、販売するために実際にかかっているコストも計算できる。今まで知らなかった情報が、情報システムからわかるようになるのである！情報システムの提供するものが、営業、商品開発、製造、財務などさまざまな仕事で役立つことはいうまでもない。

情報を集めずに事業を行うことは、目隠しをしたまま、ぐるぐると三回まわった後にダーツを投げるようなものであり、勝ち目のあるゲームとはいえない。しかし、私から見れば、大半のスモールビジネスは、勝ち目のないゲームを戦っているのである。

システムの統合

モノ、行動、アイデア、情報。

私たちの人生や事業を構成するのはこの四つの要素である。

四つの要素は、複雑に絡み合っていて、切り離して議論することはできない。今までに紹介してきた、事業の究極の目標、戦略的目標、組織戦略、マネジメント、人材戦略、マーケティング戦略、システム戦略、すべてはお互いに独立したものではなく、むしろ**相互依存の関係にある。**

事業発展プログラムを成功させるには、すべての要素をスムーズに統合しなければならない。事業の試作モデルとは、構成要素が効果的に統合されたものなのである。

ここまで理解できたなら、この本を読んだ甲斐があったというものだ。

もし、理解していないようなら、目隠しをはずしてほしい。夢を実現するためには、闇の中でダーツを投げている時間などないのである。

もう準備が終わったのも同然だ。サラにもそのことがわかっていた。残っているのは、これまで考えてきた問題をまとめて、彼女のお店「オール・アバウト・パイ」に応用する方法を一緒に考えればよいのだ。

「あなたの言うハードシステムという考えは理解できたわ」彼女は言った。「私の店の看板、床、壁、陳列棚、テーブル、従業員の制服、言い換えれば、私のお店で目に入るすべての要素とそれを組み合わせる方法なのね。ハードシステムがうまく完成すれば、お店を見たときの印象もずいぶん変わるはずよね」

「情報システムというものも理解できたわ」彼女は続けた。「お店の毎日の仕事から、大切な情報を見つけ出そうとすることなのね。いくつパイが売れるか？　どんな種類のパイか？　何時ごろ売れたのか？　何人のお客さんがお店に来たか？　いつ来たか？　店内の喫茶コーナーで売れたパイは何個か？　持ち帰り用のパイは何個か？　店内の喫茶コーナーでパイを食べたお客さんのうち、何人が持ち帰り用のパイを買ったのか？　これだけのデータが集まれば、ずいぶんいろんなことが考えられるようになるわね」

「でも、ソフトシステムの部分が私にはよくわからないの。もう少しくわしく話してもらってもいいかしら？　というのも、あなたの言う販売システムを従業員が活用している姿を想像できないのよ」

私は答えた。「イノベーションについて話したときに、私がどんなことを話したか覚えているかな？　『いらっしゃいませ。何かお探しですか？』ではなくて、『いらっしゃいませ。こちらにご来店いただいたことはありますか？』に変えるべきだって言ったよね？　きみのお店なら、どんな言葉がいいんだろう？」

「ソフトシステムとは、きみのお店と関わりをもっている人とのコミュニケーションのことなんだ。それは書き言葉でも、話し言葉でも構わない」

「案外、気づいている人は少ないけど、事業の中で言葉のもつ力はとても大きいものなんだ。お店の名前、パンフレット、広告のキャッチコピー、従業員の研修。言葉はあらゆる場面で必要になるけど、きみの言葉は一貫している必要がある。お店で目に入るもの（＝ハードシステム）も、お店で耳にする言葉（＝ソフトシステム）も一貫していることで、顧客の印象に残る店づくりができるんだ」

「きみが話してくれたように、『オール・アバウト・パイ』には深い意味が込められていて、お店の理念は、『思いやり』の大切さを伝えることだったよね。この経営理念が基礎にあって、ハードシステムとソフトシステムがデザインされる。そして情報システムは事業の状態を知るバロメーターになるんだよ」

「経営理念を中心として、事業が組み立てられていくということがわかってもらえたかな？」

「『職人』の人格だけでは事業を経営するのには不十分だ、と言った理由がもうわかってくれただろうね。きみの事業を成功させるためには、やるべきことはたくさんあるんだ」

「でも、とても楽しい仕事だと思わないかい？」

サラは満面の笑みを浮かべた。

19　サラへの手紙

親愛なるサラへ

私は今、ロロ・メイの名著『失われし自己を求めて』を三度目に読み返したところです。最近では、生きる意味や価値、そして目的を見つめ直すことの大切さが示唆されていますが、彼はすでに一九五三年に優れた見解を示しています。

この本が出版されてから四十年以上がたちますが、果たして私たちは、この問題について進歩したといえるでしょうか？　私たちは依然として、生きることの意味や、信じるべき価値を探し求めています。

しかし、私たちの姿勢は、ロロ・メイをはじめとする昔の人々と比べてあまりにも軽薄だと思うのです。私たちが価値について語るとき、セーターや靴と同じように、お金さえ払えば手に入るものだと考えていないでしょうか？　これは、あちこちで開かれているリーダーシップや自己改革と題した経営者向けの研修と同じです。ちょっとした研修さえ受ければ、大切なものが手に入ると考えている人が多いのです。

あなたの選んだ起業家の道は、決して平坦なものではありません。また、安定とはほど遠いものでしょう。だからこそ面白いのです！　それは本当の人生の道――ロロ・メイは「自由の道」と呼ぶかもしれませんが――なのです。メイはこう書いています。「自由とは、ある問題に対して賛否を表明することだけではない。自由とは、自分自身を創造する力である。自由とは能力であり、ニーチェの言葉を借りれば『私たちの本当の姿になること』である」

ここでひとまずペンを置くことにします。あなたの近況を教えてください。事業は順調ですか？　あなたがどこにいようとも、私の心はあなたとともにあります。

マイケル

エピローグ　実践しないかぎり、何も理解できない

この本は単なる成功のための処方箋ではない。学びのための招待状である。私たちは、収益性と人間性を両立させながら経営する方法を学ばなければならない。

ホテルベネチアで紹介したように、スモールビジネスは、あなたにとっての道場である。ジョー・ハイアムスは『武道の中の禅』の中で、次のように述べている。

道場とは、宇宙の縮図である。私たちは道場で、自分自身と向き合うことになる。道場とは、閉ざされた戦いの空間である。しかし、対戦相手を敵と考えてはいけない。対戦相手は自分を理解するためのパートナーなのである。道場とは、己を知り、人生の難題への対処方法を学ぶ場である。武道で身につけた集中力と自制心は日常生活にも生かせるのだ。また道場では、絶えず新しい試みが求められる。それゆえ、道

場は学習の場でもある。禅の世界では、これを自己啓発の源と呼んでいる。

スモールビジネスは、まさに道場である！

スモールビジネスは、手ごろなサイズまで縮小された世界である。行動がすぐに結果として表れるほど小さく、また、あらゆるアイデアを試すのに十分なほど大きい世界である。まさに実験の場であり、自分の世界なのである。

自分の世界をつくろう

高い品質の商品・サービスを提供し、顧客にも従業員にも笑顔があふれている。このような自分の思い描く通りの世界をつくることは、スモールビジネスの夢である。この夢を実現するために、多くの起業家は努力を重ねてきた。

しかし、これまでに見た通り、ほとんどの夢は実現せず、スモールビジネスの大半は失敗に終わってしまう。多くの起業家は、スモールビジネスを通して世界を変えようと言う高い志をもちながらも、自分だけは変わろうとしないのである。その結果、やりがいのあるはずの仕事も、苦痛にみちたものになってしまう。

ここから得られる教訓は明快である。**外の世界にどれほど働きかけても、人生を変えることは不可能なのである。**世界を変え、人生を変えるためには、手始めにスモールビジネスという小さな自分だけの内部の世界をつくらなければならない。

私が紹介した事業発展プログラムは、小さな世界を経営するための最も効率的な方法である。そして、「イノベーション→数値化→マニュアル化」のプロセスを継続することにより、小さな世界を成長させることができるのだ。

その結果、あなたの経営する事業は、働く場所以上の何かへと変わるにちがいない。自分の中の「起業家」「マネジャー」「職人」の才能を発揮し、人生をより豊かにしてくれる場となるのである。

いざ行動へ！

でも本当に成功するのだろうか？

事業の試作モデルをつくっても、本当に機能してくれるのだろうか？

中国には次のようなことわざがある。

聞いたことは忘れてしまうが、見たものは記憶に残る。

しかし、自ら実践しないかぎりは、何も理解することはできない。

この本で紹介した方法をきっちりと実践すれば、あなたの事業は確実に成功すると断言してもいい。

もう、躊躇《ちゅうちょ》している場合ではない。

今こそが実践のときである。

実践しないかぎり、本当に理解することはできないのである。

実践に移すまでアイデアは思いつきにすぎず、イノベーションは起こすことはできない。

今こそが、イノベーションを起こすときである。

スモールビジネスに夢を取り戻すときである。

長い間、失われていたものを取り戻すときである。

［あとがき］

はじめの一歩を踏み出そう

この本の冒頭で尋ねたことをもう一度質問してみよう。

あなたは今、どんな仕事をしているだろうか？

本書を読み終えて起業熱が高まり、事業の試作モデルを開発し、「金のなる木」へと育てたいという気持ちがわいてきたのではないだろうか？

そう！　サラのように、あなたもはじめの一歩を踏み出すときなのである。

ただし、その前に少し事業から離れて、戦略を練らなければならない。

まず事業の現状を把握し、理想的な成長を遂げた事業の姿を決めることだ。そして、ゴールと現在地とのギャップを理解しなければならない。事業で夢を実現するためには、このギャップを埋めることが必要なのである。

よく考えればわかることだが、システムの「欠如」、他社と差別化する独自性の「欠如」

など、さまざまな「欠如」がギャップの原因となっている。

この本が、あなたの事業に欠けているものを見つけ出し、夢を実現するためのきっかけとなることを願っている。

覚えておいてほしいことは……

聞いたことは忘れてしまうが、見たものは記憶に残る。

しかし、自ら実践しないかぎりは、何も理解することはできない。


それでは始めよう。

二〇〇一年六月　マイケル・E・ガーバー
E-Myth Worldwide
サンタローザ、カリフォルニアにて

訳者あとがき

日本でも、起業やアントレプレナーという言葉が定着した感がある。そして、優れた事業アイデアや特殊な技術をもった起業家がマスコミに取り上げられる機会も増えている。話題性があるということは、差別化ができている証拠であり、「起業家の視点」を備えた本物の起業家なのだろう。しかし、多数派であるメディアに登場しない起業家は、著者が指摘しているように、「職人の視点」しかもたず、経営の難しさに直面しているのではないだろうか？　著者は、三つの性格というユニークな切り口で、多くの起業家が失敗に終わるプロセスを明快に説明している。

書店には、最新の経営理論を紹介する本から、著名な起業家の自伝まで幅広いビジネス書が並んでいる。とはいいながらも、そのほとんどは現場を知らない大学教授やコンサルタントといった外部の視点、または成功した「起業家」の視点から書かれたものではないだろうか？　本文中に紹介されている経営手法は最先端のものとはいえないが、「職人」タイプの経営者のために、「職人の視点」から、スモールビジネスが失敗する原因とそこからの脱出法を説いたところに本書の価値はある。

本書は二〇〇一年に刊行された『The E-Myth Revisited』の邦訳である。一九八六年に初版が発行されて以来、改訂新版を含めて全世界で百万部を超える売上実績をもつ、隠れたベストセラーである。また米国の起業家向け雑誌「Inc.」誌が成長企業五百社のCEO（最高経営責任者）を対象に実施したアンケートでも、『7つの習慣』（第二位）、『ビジョナリー・カンパニー』（第三位）といった著名な作品を抑えて、ビジネス書の第一位に選ばれている。このような広い支持を集めているのは、スモールビジネスの現場に精通した著者の視点が共感を呼んでいる証拠といえるだろう。

なお、旧版は『成功する「自分会社の作り方」』として、ダイヤモンド社より一九八八年に刊行されていた。新版では、あらたにサラが登場し、著者との会話の中で経営の問題を話し合う形式となったことで、より親しみのわきやすい本となった。本書には続編として、『The E-Myth Manager』（組織で働くマネジャーの行動の指針を示したもの）、『The E-Myth Contractor』（工務店経営に関するもの）、『The E-Myth Physician』（病院経営に関するもの）

などが出版されているので、興味のある方はご覧いただきたい。

経営コンサルタントが本職である訳者の立場から見て、本書で最も重要なメッセージは、「経営者が現場にいなくても、収益の上がる仕組みをつくろう」である。言い換えれば、「個人の才能や経験に依存しない事業をつくろう」ということであり、その結果、事業を売却することが可能になる。

日本に置き換えた場合、事業を売却するという目標は一般的とはいえないが、他の人に任せることで、仕事が楽になり、事業が成長することには、異論はないはずである。その方法として、組織図をつくったり、マニュアルをつくったり、チェックシートをつくったりという7つのステップが提案されている。スモールビジネスの経営課題は多く一冊で全てをカバーすることはできないが、解決策を考えるうえで、大きなヒントになったのではないかと思う。

この本との出会いが、あなたの事業にとっての転機となれば幸いである。

最後になったが、翻訳の機会をいただいた世界文化社の作田良次さん、翻訳をサポートしてくださった白鳥佐紀子さん、訳文について的確な指摘をいただいた砂野《いさの》吉正さんに、心よりお礼を述べたい。

二〇〇三年四月

原田喜浩

マイケル・E・ガーバー (Michael E. Gerber)

スモールビジネス向けの経営コンサルティング会社 E-Myth Worldwide の創設者。E-Myth 社では独自のメソッドを開発し、20年間で25,000社以上のスモールビジネスに対してアドバイスを行ってきた。そのメソッドは大企業でも高く評価され、アメリカン・エキスプレス、ソロモン・スミス・バーニー、マクドナルド、ジョン・ハンコック・グループ(大手保険会社)など多数の顧問先を抱える。スモールビジネスを成功させる独自の手法を初公開した本書は、全米ベストセラーとなり、世界20か国で翻訳。カウフマン・センターなどでの起業家養成講座のテキストとしても活用されている。

原田喜浩 (はらだ・よしひろ)

スタートアップ期の企業から大企業まで、幅広い経営コンサルティングの実績をもつ。得意分野は経営戦略の立案。(株)日本総合研究所 研究員。

はじめの一歩を踏み出そう

成功する人たちの起業術

著者/マイケル・E・ガーバー

訳者/原田喜浩

発行者/小林公成

発行/株式会社　世界文化社

〒102-8187　東京都千代田区九段北4-2-29

電話　03-3262-5115(販売本部)

03-3262-5118(編集)

印刷・製本/中央精版印刷株式会社

発行日/2003年6月1日　初版第1刷発行

2003年7月20日　初版第5刷発行

ISBN4-418-03601-6